야생의 위로

THE WILD REMEDY

야생의 위로

산책길 동식물에게서 찾는 자연의 항우울제

에마 미첼 · 신소희 옮김

심심

차례

일러두기

＊본문의 각주는 모두 옮긴이의 것이다.
＊생물명은 '국가생물종지식정보시스템'과 'BRIC 전문가 구축 생물종',
'BRIS 생명자원정보서비스', '국립생물자원관'을 기준으로 했으며,
학명이 정확하게 일치하지 않는 경우 해당 종이나 유사 종의 한국어 이름을 반영했다.
＊학명을 병기한 생물은 '이 책에 나오는 생물들의 이름'을 기준으로 했다.

추천의 말

우울증이 무서운 이유는 우울한 감정 그 자체보다 압도적인
자기혐오와 비판을 동반한다는 데 있다. 자기혐오와 비판은
그 어떤 기분도 느낄 수 없는 상태, 무기력과 좌절을 반복하는
상황으로 스스로를 몰고 간다. 그런 우울에 자연이 치료제 역할을
할 수 있다. 자연과 소통하며 걷는 신체 활동이 우울증 치료에
도움이 된다는 것은 이미 연구로 입증되었다.

　　"채집 황홀"이라는 책 속 표현처럼 인간은 자연과 함께할
때 쾌감을 느끼도록 설계되어 있다. 나는 평소에 "건강해지려고
운동하지 말라"고 조언한다. 자연은 도구가 아니라 삶의 일부다.
숙제처럼 자연을 도구화하여 의무로 즐기려 하면 짧은 산책도
버거울 수 있다.

　　《야생의 위로》는 자연에서 위안을 느끼는 인간 본연의
생태적 습성에 기초를 둔다. 책 자체로 밖에 나가지 않아도

자연을 간접 체험하게 하는 최고의 매뉴얼이다. 더 큰 미덕은 책이
자연을 만나고자 하는 동기를 되살아나게 한다는 데 있다. 이 책을
읽은 후 하루 10분, 일주일에 한 시간, 분기에 하루 정도는 온전히
자연과 만나 '야생의 위로'를 즐기시길 바란다.
—윤대현 서울대학교병원 정신건강의학과 교수, 《잠깐 머리 좀 식히고 오겠습니다》 저자

독서가 여행과 같은 효과를 지닌다면 《야생의 위로》는 산림욕이라고
불러도 좋겠다. 겨울이면 심각한 기분장애에 시달리는 나를
유일하게 집 밖으로 데리고 나가는 것은 봄과 여름, 가을에 만난 집
근처 공원의 나무들에 관한 기억이다. 동식물과 광물, 땅에 친숙한
박물학자인 에마 미첼의 눈으로 나는 사계를 머릿속에 새로 그린다.
읽을수록 내가 실물을 보지 못한 동식물의 이름이 늘어나고, 나는
그 안에서 기꺼이 길을 잃는다. "세상이 혼란스럽고 망가진 곳처럼
보이고 암담한 생각이 걷잡을 수 없이 커질 때, 나는 집에서 나와
나무들이 있는 곳까지 5분 동안 걸었다." 당신의 삶에 자연이
결핍되지 않게 하라.
—이다혜 작가, 《출근길의 주문》 저자, 〈씨네21〉 기자

나는 각자의 어둠을 다스리는 법을 아는 사람들의 이야기를 좋아한다.
용기와 두려움이 버무려져 아름다운 형태가 되고 어둠은 비단 나

혼자만의 적이 아니라는 사실을 깨닫게 된다. 야생에서 얻은
건강한 방식으로 삶의 어둠을 풀어내는 에마 미첼의 이야기는 내게
큰 위안이 된다. 이 책의 페이지를 넘길 때마다 새가 날아오르고
꽃이 피고 흙이 노래한다. 자연의 색채가 흐려지고, 다시 생기를
얻는 것을 반복하는 동안 그 세상을 엿보는 놀라운 경험을 한다.
열두 달의 이야기를 다 읽고 나면 바로 영국으로 날아가 건방진
털북숭이 친구 애니와 작가의 옆을 고요하게 걷고 싶어질 것이다.

─임이랑 작가,《아무튼, 식물》,《조금 괴로운 당신에게 식물을 추천합니다》저자

무려 25년간의 기나긴 우울증을 치유해준 '야생의 산책' 이야기.
위대한 자연의 힘을 무료로 활용하여 우울증을 치료한 저자의
처방전은 바로 야생의 산책이다. 작가는 자연과의 친밀한 교감을
통해 자기 안의 강력한 회복탄력성, 스스로 나을 수 있는 힘을
발견한다. 가시자두나무와 보리수를 바라보고, 울새의 재잘거림과
앙증맞은 촐싹거림을 바라보는 것만으로도 행복의 절정을 경험할
수 있는데, 왜 우리는 휴대폰과 인터넷에 정신을 쏙 빼앗긴 채
갑갑한 실내 생활자로 살아가는 걸까. 그저 신발을 신고 밖으로
나가기만 하면 된다. 우리는 야생의 산책 속에서 언제든 우리를
기다리고 있는 위대한 자연의 위로를 얻을 권리가 있다.

─정여울 작가,《나를 돌보지 않는 나에게》저자

에마 미첼이 알려주는 자연의 치료법. 자연 속에서 자신을 돌보는
능력과 정신 건강 사이의 연결고리를 정교하고 세련되게 다듬었다.
—〈가디언〉

매력적인 삽화와 우아한 문장으로 계절을 탐구하는 아름다운 책.
이 책은 자연에 관한 일기이자 자연이 어떻게 마음을 치유하는가에
관한 기록이다.
—〈선데이 텔레그래프〉

에마 미첼에게는 지극히 소박한 정원이나 개와 함께하는 일상적
산책조차도 풍요롭고 보람찬 것으로 만드는 재능이 있다. 자연과
창조적 연결고리를 만들고 사람들과 나눌 수 있는 에마의 능력이
정신 건강에 이로운 것은 당연한 일이다.
—멜리사 해리슨, 소설가, 자연 칼럼니스트

글은 깊이 있고 사진은 인상적이며 그림은 절묘하다. 이 책은
문학적인 항우울제와도 같다.
—에마 프로이트, 문화 비평가

완벽한 기쁨을 주는 책이다. 정신과 영혼을 동시에 달랠 수 있는

책은 매우 드물지만,《야생의 위로》는 그런 경지에 도달했다. 무척이나 강렬하고 아름다운 이 책을 읽고 나면 어느 누구의 삶이든 분명히 더 나아질 것이다.

—조애나 캐넌, 정신과 전문의, 소설가

레이철에게

숲과 정원에서 찾은
치유의 방식

솔직히 말하겠다. 나는 지난 25년 내내 우울증 환자였다. 어떤
날은 머릿속에 음침하고 부정적인 모래 진창이 가득 찬 것처럼
느껴진다. 또 어떤 날은 짙은 먹구름이 겹겹이 피어나 내 생각을
짓누르고 의욕을 빼앗아가는 것만 같다. 우울증이 어떤 식으로
작용하든 나는 움직이기가 어려워지고, 실내에 처박혀 이불을
뒤집어쓰고서 넷플릭스를 보고 싶은 마음만 간절해진다. 하지만
억지로라도 소파에서 몸을 일으키면 우울함이 조금이나마
걷히리라는 것, 밖으로 나가 오두막집 뒤의 숲을 거닐면 어두운
생각이 완전히 사라지진 않더라도 분명 옆으로 비켜나리라는 것은
안다.

　　날마다 숲속을 산책하는 일은 내게 그 어떤 상담 치료나
의약품 못지않은 치유 효과가 있다. 내 말이 빅토리아 시대의
요양원 안내 책자 내용처럼 들리거나 상대방을 탓하는 구시대적

뉘앙스를 담고 있는 것처럼 느껴질지도 모르지만, 나는 최근
들어서 단 5분이나 10분이라도 녹지에 있는 것이 얼마나
유익한 일인지 깨달았다. 그저 집 밖으로 나가 오두막 맞은편의
가시자두나무와 보리수를 보는 것만으로도 내면에서 뇌가 안도의
한숨을 내쉰다고밖에 표현할 수 없는 반응이 일어난다. 보이지
않고 소리도 없는 뇌 내의 화학작용이 나에게 위안과 동시에
치유를 가져다준다.

　　물론 내가 산책이 주는 위안을 역사상 최초로 인식한 사람은
아니다. 문학작품은 멜랑콜리†를 가라앉히고 창의적 사고를
북돋우며 회복을 촉진하기 위해 시골을 거니는 이들로 가득하다.
19세기 덴마크의 철학자이자 시인, 신학자였던 쇠렌 키르케고르*Søren*
*Kierkegaard*는 날마다 산책하는 것을 이렇게 칭송했다. "나는 날마다
더없는 행복 속으로 걸어 들어가는 동시에 일상의 고통으로부터
걸어 나간다. 내 인생 최고의 사상은 내가 걷는 동안 발견한
것이며, 산책길에 함께할 수 없을 만큼 부담스러운 사상이란
존재하지 않는다." 엘리자베스 폰 아르님*Elizabeth von Arnim*의
1920년대 작품이자 내가 가장 좋아하는 소설 중 하나인《매혹의
4월*The Enchanted April*》을 보면 산책에 관한 나의 생각을 그대로 담아낸
것 같은 구절이 나온다. "어딘가로 갈 때 두 발 이외의 무언가를
이용한다면 속도가 너무 빨라질 것이며, 길가에서 당신을 기다리고

---

† 　그리스어로 '검은*melas* 담즙*chole*'이라는 뜻이다. 당시 의학은 인체가 혈액,
　　점액, 노란 담즙, 검은 담즙 등 4체액으로 이루어지며 검은 담즙이 많은 체질은
　　우울한 기질과 직결된다고 보았다. 이후 르네상스 시대에 신플라톤주의의
　　영향으로 멜랑콜리는 예술가나 천재의 고질병이라는 인식이 생겨났다.

있는 수천 가지의 미묘한 기쁨을 놓치게 되리라."

우리 집 대문을 나서 800여 미터를 걸어 동네 숲 어귀에 이른다. 잘 다듬어진 잔디 오솔길을 따라 숲으로 들어서려는데 막 씨앗을 맺거나 꽃을 피우려 하는 식물들이 눈에 들어온다. 백악질 토양에 반쯤 묻혀 있는 숲달팽이의 노란 줄무늬 껍데기를 발견하거나 짖는사슴*muntjac*이 허둥지둥 달아나는 모습을 바라볼 때면, 우리 집 맞은편의 보리수를 보면서 느꼈던 정신적 안도감이 몇 배로 증폭된다. 나는 잎이 무성하거나, 기어 다니거나 날아다니는 숲속의 온갖 거주자에게 열중한다. 디테일 하나하나에 주의를 기울일수록, 또 1미터 1미터를 나아갈수록 일상의 근심이 일으키던 끊임없는 소음이 서서히 누그러들고 우울증의 뿌연 장막이 걷혀 나가는 것 같다.

어릴 때 할머니 집 근처 산울타리 아래 쭈그리고 앉아 블루벨*bluebell* 꽃봉오리와 산사나무 이파리, 병꽃풀의 뾰족한 가시와 갈퀴덩굴 어린잎을 쳐다보던 것이 기억난다. 그들이 이루는 무늬와 무수히 다양한 초록빛에 나는 놀라고 매혹되었다. 어린 시절 최초로 뇌신경을 자극하고 경외심을 일으킨 것은 그 작지만 복잡하게 뒤얽힌 식물의 형태였다. 마음속에서 풍선이 부풀어 오르는 듯했던 느낌이 아직도 생생하다. 그 느낌은 당시 힘들었던 현실로부터 도피할 수 있게 해주었고, 지금도 그렇다.

내가 바라보는 광경 속에 모종의 여정이나 임무에
몰두한 나방 혹은 딱정벌레 한 마리가 들어오면 경이감은 더욱
강렬해진다. 눈앞에서 아주 작은 이야기 하나가 펼쳐진다. 나는 그
생명체의 삶 한 장면을 지켜보면서 이런 특권을 누리게 된 것에
짜릿함을 느낀다. 마흔여섯 살이 된 지금도 나는 쭈그리고 앉아서
던지니스*Dungeness*의 자갈길에 서식하는 소박하고도 섬세한 식물
군집이나 이끼, 바위 웅덩이 속에 오락가락하는 작은 생물들을
관찰한다. 19세기의 시인 존 클레어*John Clare*는 이런 행위를
'내려앉기'라고 불렀으며, 그 자신도 둥지 속 도요새의 시점에서
자연을 관찰하기 위해 야생식물들 속에 내려앉곤 했다. 그의 시에
소재와 영감을 제공한 것은 이러한 물리적, 정신적 침잠이었다.

개암나무 사이로 완만하게 구부러진 오솔길, 거대한
너도밤나무 군집, 도싯*Dorset*의 셸만*Shell bay*에 펼쳐진 흰
모래밭과 잔잔한 물결, 웅장하면서도 부드러운 곡선을 이루는
컴브리아*Cumbria*의 하우길*Howgill* 언덕. 이 모든 광경은 누가 보아도
감동적이고 아름답다. 우리는 기꺼이 푸른박새나 야생 난초를
보기 위해 들판으로 나서며, 무수한 문학 인용구들은 멜랑콜리를
쫓아내려거든 시골로 가라고 권유한다. 하지만 자연이 촉발하는
긍정적인 감정에 과학적 근거가 있는 걸까? 우리가 다운스*Downs*를
산책하거나 5월의 블루벨 숲을 거닐 때 실제로 뇌와 신체 내부에

측정 가능한 변화가 일어나는 것일까? 그렇다. 예를 들어 2007년
마드리드대학교와 노르웨이생명과학대학교의 합동 연구서에
따르면 자연경관을 보는 것만으로도 스트레스나 정신적 피로의
해소가 촉진되며 질병에서 회복되는 속도도 빨라진다고 한다.
2017년 엑서터대학교에서 진행한 연구에 따르면 도시환경 속
식물의 존재는 거주자의 우울증과 불안, 스트레스 인지도를
떨어뜨린다. 야외에서 보내는 시간이 기분 저하를 완화한다는 점도
같은 연구를 통해 확인되었다.

        좀 더 최근에는 중국과 일본에서 '산림욕'이라고 부르는
개념이 서구에서도 대중의 관심을 끌기 시작했다. 1980년대 초에
시작된 이 관습의 전제는 산이나 숲에서 시간을 보내며 그곳의
공기로 '목욕'을 하면 심신의 건강에 이롭다는 것이다. 일본 인구의
약 4분의 1은 48곳에 이르는 국가 지정 산림욕장을 방문한 경험이
있다고 한다. 처음으로 산림욕에 관해 읽었을 때 나는 흥분했다.
바로 앞에서 서술한 것과 똑같은 과정이다. 내가 기분 저하를
억제하기 위해 거의 매일 수행하는 식물 기반의 자가 치유 과정을
먼 대륙의 다른 문화권에서는 이미 수백만 명이 신체와 정신의
병증을 달래는 데 활용하고 있다는 것이다. 일본에서는 심신의
상태가 안 좋을 때 숲을 찾아 나서는 것이 영국에서 약사에게
이부프로펜✛을 받아오는 것만큼이나 흔하고 일반적인 관습이다.

✛   진통제, 해열제, 항염증제로 아세트아미노펜(타이레놀)과 함께 가장 널리 쓰이는
        약품. 한국에서는 부루펜이라는 이름으로 유명하다.

산림욕의 효과를 분석하기 위해 최근 진행된 후속 연구에
따르면, 녹지를 걷는 것은 체내 여러 계통에 직접적으로 이로운
작용을 한다. 자연 속에서, 특히 숲에서 시간을 보낸 연구
대상자들은 혈압이 떨어지고 스트레스를 받을 때 분비되는
호르몬인 코르티솔 수치가 감소했으며 불안이 가라앉고 맥박도
차분해졌다. 주변에 숲이 있는 곳에서 시간을 보내면 투쟁-
도피 반응✝과 연계된 교감신경계 활동이 감소하는 반면 소위
'자연살생세포'라고 불리며 바이러스에 감염된 세포나 암세포를
파괴하는 특정 백혈구의 활동은 늘어난다. 이 같은 생화학적
변화는 한 달까지도 지속되었지만, 연구 대상자들이 도시에서
지내는 경우에는 이런 효과가 나타나지 않았다. 내가 우리 집
맞은편의 숲을 보며 마음속으로 안도의 한숨을 내쉬는 것은 단지
근사한 숲 풍경을 보는 게 좋아서가 아니라 실제로 내 심신에
영향을 끼치는 물리적 반응이 일어나기 때문이다.

　　야외에서 인간의 우울증이 완화되고 건강이 증진되는 것은
어떤 생화학적 체계 때문일까? 잇따른 연구를 통해 구체적인
근거가 드러나고 있다. 대부분의 식물은 바이러스나 박테리아
감염을 막아주는 휘발성 화합물과 기름을 생성하는데 이런 물질을
통칭하여 '피톤치드'라고 부른다. 산림욕의 효과를 분석한 과학자
집단의 연구에 따르면 피톤치드 흡입은 식물뿐만 아니라 인간의

✝　　맥박수의 상승이나 아드레날린 분비 등 위험과 스트레스에 대한 교감신경의 반응.

면역계와 내분비계, 순환계와 신경계에도 일부 같은 작용을 한다. 피톤치드가 인간의 심신에 영향을 끼치기 위해 반드시 향이 짙어야 하는 것은 아니다. 5월의 관목 숲에서 풍기는 산뜻하고 풋풋한 냄새는 온갖 식물이 발산한 피톤치드가 혼합된 것으로, 우리는 자연 속에서 시간을 보내면서 무의식중에 이를 들이마시게 된다.

세로토닌 분비는 산림욕의 효과를 뒷받침하는 더욱 많은 증거를 보여준다. 세로토닌은 뇌 신경세포 간의 신호를 전달하는 화합물인데 우울증 환자의 경우 이 신경전달물질의 분비가 감소한다. 세로토닌 분비 변화가 기분 저하의 이유인지 결과인지는 아직 분명하지 않고, 그 밖에도 여러 뇌 내의 메커니즘이 기분 조절에 관여한다는 것은 사실이다. 하지만 세로토닌과 인간의 기분 사이에 연결고리가 있다는 것은 확실하며 자연과의 접촉이 세로토닌 분비를 촉진한다는 것도 확인되었다. 사실 야외에서 시간을 보내는 것만으로도 뚜렷한 차이가 나타난다. 피부나 망막이 햇빛에 자극을 받으면 세로토닌 분비가 촉진되는데 햇빛이 강한 날일수록 그 효과는 더욱 커진다. 그래서 11월에서 3월 사이에 햇빛이 약해지면 어떤 이들은 겨울 우울증 혹은 계절성정서장애*Seasonal Affective Disorder, SAD*를 앓기도 한다. 나도 이런 계절성정서장애에 취약한 편이라 겨울이 유독 힘겹게 느껴진다.

세로토닌 분비를 증가시키는 또 한 가지 놀라운 자연 접촉

경로는 토양이다. 인간이 미코박테륨백케이_Mycobacterium vaccae_ 같은
양성 토양 박테리아에 접촉하면 박테리아의 세포벽에서 나온
단백질이 특정 뇌세포 군집에서 세로토닌 분비를 증가시킨다. 다시
말해서 우리가 잠시 잡초를 뽑으며 보내는 시간이 화단 주위에
심은 꽃에만 유익한 것은 아니라는 얘기다.

　　마지막으로 우리가 산책과 같이 가벼운 운동을 하면
혈류 내에 엔도르핀이 분비된다. 엔도르핀은 통증을 감소시키며
온화한 황홀감과 은근한 자연적 도취 상태를 불러일으키는
신경전달물질이다. 여기에 햇빛과 식물이 생성하는 화합물과
유익한 토양 박테리아의 효과까지 더한다면 정원이나 들판, 숲을
산책하는 것은 보이지 않는 자연의 약상자에 손을 집어넣는 것과
같다. 과학은 계속 발전하는 중이며 아직도 확실히 밝혀지지 않은
것이 많지만, 내가 숲속을 거닐면 뇌 내의 화학적 균형과 호르몬계,
신경계가 변화하여 나의 사고와 정신 건강에 영향을 끼치게 된다는
건 무척 솔깃한 가설이다. 나는 수없이 자연 속을 걸으며 주변
환경의 치유 효과를 인식했고, 우울한 날에도 나 자신을 위해
무언가 할 수 있다는 사실은 확실히 위로가 된다.

　　나의 정신 상태에 가장 큰 영향을 미치는 것은 자연의
거대한 요소들을 체험하는 일, 그리고 시선을 내려 나무
그루터기나 풀잎 가장자리에 존재하는 미묘하고 작디작은 세계를

탐구하는 일의 조합이다. 걸을 때면 내 마음은 지극히 민감한
집중 상태로 접어든다. 나는 식물 군집, 텅 빈 달팽이 껍데기,
나무 열매와 이삭을 찾아다닌다. 그러다 보면 나 자신이 눈앞의
작디작은 디테일 속으로 헤엄쳐 들어가 주변 환경에 깊이 침잠하는
것이 느껴진다. 원시시대의 채집 본능에서 비롯된 것이 분명한 이
같은 상태는 내가 걷는 동안 걱정거리를 분산시키고 가라앉히며
내 정신이 현재에 뿌리박게 한다. 나는 이 상태를 일종의 자연적
요가처럼 활용하며 계절에 따라 소소하고 흔한 식물과 꽃,
자연물을 수집하여 사진으로 찍고 보관한다.

　　　내가 산책길에 접하는 여러 식물을 파악하고 꽃과 잎에
이름을 붙일 수 있게 도와주는 것은 1978년 할아버지의 책꽂이에서
찾아낸 책이다. 들장미꽃과 열매, 이파리가 아름답게 배치된 책
표지의 그림이 나를 끌어당겼다. 손에 잡히는 대로 책을 펼친
순간 나는 식물학이라는 별세계로 빠져들었다.《영국 식물 컬러
소사전*The Concise British Flora in Colour*》의 도판은 3월의 산울타리 아래나
6월 중순의 숲속 땅바닥에서 볼 수 있는 광경을 닮아 있었고, 나는
거기에 푹 빠져서 지금까지도 헤어 나오지 못하고 있다. 윌리엄
케블 마틴*William Keble Martin* 목사는 이십 대에 영국의 야생화를
수채화로 그리기 시작했으며 이 책이 출간되었을 때는 여든여덟
살이었다. 케블 마틴이 거의 평생을 바친 이 아름다운 책에는 그의

소형 수채화가 1,400점 이상 담겨 있다. 도판 속의 식물들은 하나씩
따로 보아도 차분한 아름다움을 지녔으며 생물학적으로 정밀하여
많은 사람이 휴가지의 들판이나 동네 길가의 돌멩이 사이에서
발견한 식물을 확인할 수 있게 해주었다. 하지만 그런 식물들이
모인 도판 전체는 그야말로 놀랍도록 아름답다.

　　나를 매혹해 계속 그 책을 들여다보게 만든 것도 바로 케블
마틴이 그린 식물들의 미묘하고 복잡하게 뒤얽힌 배치였다. 그는
각각의 도판을 묘지 변두리의 방치된 땅뙈기나 쓰레기장에서
빛과 공간을 다투는 식물집단처럼 구성했다. 숲속에서 하늘을
올려다보면 나뭇가지들이 서로 겹쳐지지 않게 자라는 것을 볼 수
있다. 나뭇가지들이 도중에 성장을 그치고 서로 간에 좁은 간격을
남겨두는 모습은 한정된 공간에서 빛 흡수를 최대화하기 위해
인접한 나무 간의 합의가 존재할지도 모른다는 흥미로운 단서를
제공한다. 야생화 그림의 집합인《영국 식물 컬러 소사전》의 도판은
이러한 '수관樹冠 내외' 현상의 축소판 재현이라고 할 수 있다. 이
책에 식물들이 배치된 방식을 보면 그가 야생식물이 상호 관계
속에서 성장하는 방식을 오랫동안 연구했음을 알 수 있다.

　　케블 마틴이 자연에 충실하고 아름답게 화면을 구성한
덕분에 우울증이 극심한 날이면《영국 식물 컬러 소사전》의 도판을
들여다보는 것만으로도 전원에 나가 있을 때와 같은 안도감을 어느

정도 느끼게 된다. 우울증이 마음을 얼어붙게 하는 정신적 겨울날,
이 책을 펼치면 거실을 나서지 않고도 봄날을 살짝 엿볼 수 있다.
이 책은 종이와 잉크로 만들어진 항우울제인 셈이다.

식물, 곤충, 조개, 새, 포유동물과 그들의 자취를 가까이
두고 바라보며 가끔은 집에 가져오고 싶은 욕구는 어떤 면에서
내가 보고 발견한 것을 기록하려는 충동과 병행한다. 보통은
사진이 이 욕구에 대응해주지만, 이따금 각별히 친숙하게 느껴지는
특정 생물은 반드시 그림으로 남기고 싶다. 이것은 관찰하거나
사냥한 동물의 모습을 은신처나 동굴 벽에 그리고 싶어 했던
조상들의 욕구가 변형된 형태일지도 모른다. 어쩌면 동굴벽화는
화가가 동물에게 느꼈던 경외감과 경이로움을 나타내기 위해
그린 것일지도 모르겠다. 바로 그것이 내가 산책 후 연필이나
펜을 집어 들 때 느끼는 감정이니까. 물론 동굴벽화가 먹거리를
제공해주는 생물에게 감사를 표하고 싶은 마음에서 나온 것일
수도 있다. 여기서 나는 한 번도 내가 그린 생물을 먹지 않았음을
강조해야겠다(이 책을 만드는 과정에서 바비큐가 된 두더지는 한 마리도
없다). 하지만 나 역시 울새를 볼 때면 들뜨고 흥분한다. 울새의
모습은 멜랑콜리를 가라앉히는 데 도움이 되며, 내가 울새를
그리고 싶어 안달이 나는 건 어쩌면 그런 효과를 좀 더 오래
지속시키고 싶은 마음 때문인지도 모른다.

첫 번째 저서 《겨울나기_Making Winter_》에서 나는 창작 활동을
하며 보내는 시간이 정신 건강에 미치는 유익한 효과에 관해
썼다. 냉이를 간단히 스케치하거나 상모솔새를 수채화로 그리는
것, 쉽게 찾을 수 있는 식물들로 채집 표본을 만드는 것은 산책
자체만큼이나 마음을 안정시키는 효과가 있다. 연필로 새매의
모습을 그럭저럭 비슷하게 그려보는 것은 그렇게 하도록 영감을 준
새와의 만남만큼이나 마음속의 복잡하고 어두운 생각을 쫓아내는
데 도움이 된다. 완벽한 결과물보다 대상을 바라보고 그리는
차분한 과정이 훨씬 더 중요하다. 자연 관찰의 유익한 작용과 본
것을 기록하며 보내는 시간은 일종의 시너지 효과를 일으킨다.
그러므로 일 년간의 자연 산책에 관한 책을 쓰면서 내 스케치와
그림, 사진을 넣지 않는다는 것은 말도 안 되는 일이었다.

숲이나 정원에서 시간을 보내며 그곳에 서식하는 초목과
야생동물의 미세한 디테일에 주목할 때면 우울증이 가라앉는 게
느껴진다. 이는 내게 자가 치유의 방식이 되었다. 찔레나무 곁에서
시간을 보내는 것으로 일반적인 우울증 치료를 대체할 수 있다고
주장하려는 것은 절대 아니다. 나 역시 병세가 심해지지 않도록
항우울제나 상담 치료에 의지하고 있다. 하지만 우울증이 주는
고통은 계절이나 그날그날의 스트레스에 따라 달라지게 마련이다.
항우울제와 기존의 치료법이 제공하는 위안으로는 우울증을 떨쳐낼

수 없는 날도 있다. 그런 때 개암나무와 산사나무 사이를 거닐면
코르티솔 분비가 감소하고, 우울증이라는 검은 개를 쫓아내는 데
필요한 신경전달물질 변화가 일어난다. 내 경우 일주일에 여러 번,
기분이 나쁘지 않은 날에 미리 산책을 해두면 누적효과가 생겨서
이후의 급격한 기분 저하도 덜 아찔하게 느껴진다.

　　　숲속이나 들판을 산책하는 것은 삶이 대체로 괜찮게 느껴질
때도 할 수 있는 일이며, 일상적 우울감과 언젠가 닥쳐올 까칠하고
고된 나날을 헤쳐나가는 데 도움이 된다. 인생이 한없이 힘들게
느껴지고 찐득거리는 고통의 덩어리에 두들겨 맞아 슬퍼지는
날이면, 초목이 무성한 장소와 그 안의 새 한 마리가 기분을
바꿔주고 마음을 치유해줄 수 있다. 닥쳐오는 마감일이 세상의
종말처럼 느껴질 때, 일정 목록이 고속도로만큼 길게 이어질 때,
항우울제를 복용하고 효과가 나타나기를 기다릴 때면 그런 장소로
나가보자. 당신이 무기력해져 소파나 침대를 벗어나지 못하고
들큼한 슬픔의 진창에 빠진 기분일 때, 이 책으로 내가 관찰한
것들을 읽으며 사진과 그림을 보고, 나아가 직접 고둥이나 족제비를
찾아 나섬으로써 위안을 찾게 되는 것이 나의 바람이다. 걷자. 두
발로 걷거나 차를 타고 밖으로 나가자. 하다못해 뒷마당에서라도
초목과 그 안에 깃들어 사는 생명체를 찾아 나서자. 기분을 바꾸는
데 분명히 도움이 될 것이다.

이 책은 일 년 동안 우리 집 주변을 거닐며 관찰한 자연물에
관한 것이다. 햇살과 새들의 지저귐이 나를 부르고 모든 것이 좋아
보이는 날이 있는가 하면, 산책하러 나가는 것조차 너무나 힘겨운
과제처럼 느껴지던 날도 있었다. 내가 기록한 광경 중에 특별히
희귀한 것은 없다. 나는 검독수리를 코앞에서 관찰하지도 않았고
스코틀랜드 살쾡이를 길들이지도 않았다. 언덕을 힘겹게 올라가서
찾아낸 작은 난초 한 송이만 제외하면, 이 책에 기록된 모든 생물은
영국의 도심공원에서도 볼 수 있는 흔한 것들이다. 나는 가을날
보석처럼 알록달록한 낙엽 무더기 위에 서 있을 때, 막 돋아난
버들강아지를 발견했을 때, 그루터기만 남은 들판을 스쳐 가는
새매를 목격했을 때 느낀 위안에 관해 썼다. 소설가 앨리스 워커*Alice*
*Walker*의 이런 문장처럼 말이다. "아주 어린 시절부터 나는, 내가
교회에서 느꼈어야 마땅하지만 단 한 번도 느껴본 적 없는 모든
감정이 자연 속에서는 고스란히 느껴진다는 걸 알고 있었다."

　* 머리말에 언급된 연구들에 관해 더 자세히 읽어보고 싶다면 이 책 뒤쪽의 참고
문헌을 참조하라.

→　노샘프턴셔 페르민 숲의 오솔길.

10월
∞∞∞∞∞∞∞∞∞∞

October

낙엽이 땅을 덮고
개똥지빠귀가 철 따라 이동하다

나는 오두막집에서 걸어 나온다. 매년 이맘때면 그렇듯 햇살은
부드럽고 투명하다. 첫서리가 내려 풀잎은 희고 고운 가루로
뒤덮였고, 날카로운 새벽 공기를 들이쉬면 콧구멍이 살짝
쓰라리면서도 기분이 좋다. 숲 언저리에는 곰팡이 핀 낙엽의
군침 도는 그윽한 냄새가 맴돌고, 마지막까지 남아있던 제비도
떠나간다. 가을이다.

　　태어난 지 열 달 된 구조견 강아지 애니는 내 산책길에
종종 동반해주는 친구다. 밝은 갈색에 다리가 길고 치즈와 오소리
똥을 좋아하는 애니는 열렬한 숲 애호가이기도 하다. 오전 산책에
어찌나 열성적인지, 내가 아침 식사 후 업무에 너무 긴 시간을
쏟으면 애처롭게 낑낑대며 목줄을 물고 거실을 오락가락하다가
급기야 키보드와 내 손가락 사이에 코를 들이밀며 타자를 못
치게 막는다. 일단 숲에 들어오면 내가 멈춰 서서 무당벌레를

구경하거나 뱀도랏*hedge-parsley* 사진을 찍으며 어슬렁거리는 동안
애니는 지칠 줄도 모르고 이리저리 쏘다닌다. 다람쥐들이
옥신각신하는 나무를 올려다보거나, 짖는사슴이 비집고 지나간
산울타리의 개구멍 냄새를 맡고, 갉아먹을 썩은 사과나 소변을
한바탕 뿌릴 여우 똥 덩어리를 찾아다닌다. 모든 냄새와 교감하며
온몸으로 자연에 통합되려는 것처럼 숲에 몰두한 애니의 모습은
마치 과거로 회귀하여 자기 조상인 늑대가 되려는 것처럼 보인다.

올해 10월은 흡사 5, 6월이라고 해도 될 것 같은 날씨로
시작된다. 반소매 옷을 입어도 될 만큼 따스해서 햇살을 듬뿍
받으며 기분 좋게 산책할 수 있다. 이처럼 계절에 맞지 않게 화창한
기간은 내 마음을 들뜨게 한다. 햇살이 내 뇌를 건드려서 감정을
변화시키는 신경전달물질을 조절하고, 나는 유쾌한 기분에 빠진다.
이렇게 숲속이 아름다울 때면 몸을 일으켜 아침 산책에 나서기가
어렵지 않다. 나무 사이로 뻗은 오솔길이 끝나면 숲 끄트머리의
공터가 나온다. 마지막으로 남은 청보랏빛 들꽃들이 갈색으로 바랜
잔디를 환히 밝히고 있다. 몇 달 전 그렇게도 많은 벌과 나비가
꿀을 빨고 짝을 지었던 검은수레국화*knapweed* 꽃밭도 올해는 끝이다.
검은수레국화 이삭은 목질의 비늘이 근사하게 겹쳐져 아주 작은
솔방울처럼 보인다. 산책하다 보면 찾아낸 것을 수집하고 사진
찍고 기록해야 한다는 강박을 느끼지만, 가끔은 그저 주변 환경을

마음속에 담아두기만 하고 싶을 때도 있다.
그러나 오늘은 이 솔방울을 스케치해야만
한다는 강렬한 느낌이 들어 몇 개를 채집해서
집으로 가져간다.

애니와 함께 공터를 걸어가는데 잔디를
짧게 깎은 오솔길에서 무언가 율동하듯이
반짝거린다. 대륙좀잠자리*common darter* 몇
마리가 잔디로부터 겨우 몇 센티 위에 모여
춤을 추고 있다. 잠자리들이 돌진하고 선회할
때마다 날개가 빛을 반사하며 환상적인
광경을 연출한다. 저 모습을 저장해 놓았다가
겨울날에 재생해볼 수 있다면 좋으련만. 내

검은수레국화

핸드폰 카메라는 잠자리들의 춤을 포착할 수 없기 때문에 나는
몇 분간 가만히 서서 그 광경을 기억 속에 새겨 넣으려고 애쓴다.
그리고 집에 돌아와 대륙좀잠자리에 관해 찾아본다. 11월 말까지
계속 활동하는 이 잠자리는 주로 숲에서 작은 벌레를 잡아먹으며,
가을이면 짝짓기를 하는 모습도 볼 수 있다. 나 역시 이삭 위에서
그들이 펼치는 끈적끈적한 공중 군무를 목격한 바 있다. 나는
잠자리들이 어디에 알을 낳을지 궁금해하다가, 문득 그들의
짝짓기를 목격한 곳에서 수십 미터 떨어진 양 방목지 변두리에

있는 작은 연못을 떠올린다. 그리고 잠자리들의 짝짓기 춤을 이
숲의 계절 지표 중 하나로 기록해둔다. 매년 10월이면 찾아볼
소소한 구경거리가 될 것이다.

대륙좀잠자리

10월이면 대부분의 나무가 낙엽을 떨어뜨리기에 앞서
이파리에서 엽록소를 재흡수한다. 광합성에 필수적인 이 초록
색소가 다시 나무줄기로 이동하면 줄곧 이파리 안에 있던
다른 색소 성분이 드러난다. 매년 이맘때 숲과 공원을 뒤덮는
주황색과 노란색은 항상 거기 있었던 카로티노이드*carotenoid*와
플라보노이드*flavonoid* 성분의 발현인데, 거기에 가을이 되면
합성되기 시작하며 붉은색과 분홍색, 때로는 보라색을 띠는
안토시아닌*anthocyanin*이 합류한다. 화살나무, 산사나무*hawthorn*,
유럽들단풍나무*field maple*, 벚나무 잎의 보석 같은 빛깔이 봄과 여름

내내 그 자리에 있다가 날씨가 춥고 흐려 들판이 칙칙할 때 본색을
드러낸다고 생각하면 유쾌해진다.

숲속에는 두 오솔길이 교차하는 지점이 있는데, 그곳
땅바닥에서 화살나무의 낙엽이 잠시나마 화려한 색색의 조각
이불을 선보인다. 10월의 화살나무 잎은 거의 비현실적인
빛깔을 띤다. 대부분은 눈부시게 환한 선홍색이지만 아주 연한
노란색도 있고, 선홍색과 연한 노란색이 잎맥을 사이에 두고
뚜렷한 줄무늬를 이루기도 하며, 아예 무색에 가까운 잎도 있다.
잠자리들의 짝짓기 춤처럼 이 빛깔도 일시정지 시켜두었다가
음침한 1월에 다시 끄집어내고 싶다. 몇 주만 지나면 전원 풍경에서
색채를 찾아보기가 어려워질 것이다. 바닷가에서 파도에 깎여
둥글어진 유리 조각이나 조개껍질을 모으듯 이 화사한 낙엽을
모으고 싶은 본능적 욕망에 못 이겨 나는 몇 장을 주워 집으로
가져온다.

인간이 새로운 환경을 탐험하고 자원을 찾아 나서면
도파민이라는 뇌 신경전달물질이 분비되어 일시적인 흥분을 느끼게
한다. 소위 '채집 황홀'이라는 것이다. 이러한 현상은 인간이 채집
수렵 생활자였던 과거에서 비롯되었을 것이다. 열매가 가득 달린
산사나무나 산딸기 관목은 조상들의 칼로리 섭취를 늘려주었을
것이며, 따라서 식용이 가능한 식물에 긍정적 반사 작용을

나타내는 것은 그들의 생존과 직결되었으리라. 그리하여 먹을 수
있는 식물을 채집할 때마다 뇌 내의 보상작용이 촉진되고 그러한
채집이 습관화된 것이다. 내가 오늘날 낙엽을 주워 모으며 느끼는
기분은 그러한 본능의 흔적일지도 모른다. 이 뿌듯한 감정의
진화적 근거가 무엇이든 간에, 이런 행동이 내 뇌의 화학적 균형을
미세하게 조정하는 데 도움이 되는 건 확실하다. 나는 화사한 낙엽
카펫 옆을 서성이며 마법 같은 항우울 효과가 나타나길 기다린다.
햇살이 따스하다. 눈부신 빛깔들 속에서 보낸 몇 분이 기분을
돋워주어 정말로 입안에 상큼한 맛이 느껴질 것만 같다.

　　　나는 여우와 오소리 똥 위에서 신나게 뒹굴기를
좋아하는 애니의 습관에 유의하면서 숲속 오솔길을
따라간다. 지난번에 애니는 실컷 뒹군 다음
개다운 기쁨으로 입을 헤벌린 채 달려와 내 몸에
덤벼들기까지 했다. 애니는 파리에서 손으로
만든 지극히 희귀한 향수를 흠뻑 뿌린 것과
같이 호화롭고 향기로운 순간을 나와 함께
나누고 싶었던 것이다. 또 한 번
애니를 벅벅 문질러 씻기는
사태는 피하고 싶다. 애니를
목욕시키면 항상 집 안에 축축한

←　　　오두막집 근처의 숲속에 있는 애니.

냄새가 진동하는 데다, 숲의 자취와 냄새를 지워버리려는 나의
비합리적인 충동을 납득하지 못한 애니가 시무룩해지기 때문이다.

1, 2분간 애니의 모습이 보이지 않아서, 나는 자리에 가만히
선 채 귀를 기울여 목줄에 달린 뼈 모양 메달이 짤랑대는 소리를
찾는다. 그때 적막이 깨지지만 내가 찾던 방울의 섬세한 울림은
아니다. 아주 가까운 곳에서 무언가 작지만 높다란 소리로 연달아
지저귀고 있다. 나는 시야 한구석에서 미세하게 팔락이는 움직임을
알아채고 거기에 초점을 맞추려 애쓴다. 아주 작고 거무스름한
형체가 오솔길 가장자리의 앙상한 가시자두 가지 사이에서
움직이고 있다. 너무 작아서 엉킨 가지 사이로 생김새를 자세히
보기가 어렵다. 가느다란 나뭇가지가 두세 개만 겹쳐도 가려서
잘 보이지 않는다. 파닥거리며 날아다니는 걸 보니 작은 벌레를
잡아먹고 있나 보다. 날 알아차렸다거나 내 존재에 신경을 쓰는
것 같진 않다. 그때 올리브 빛 진녹색 깃털이 눈앞을 스쳐 간다.
머리에 가느다란 노란 줄무늬가 있는 걸 보니 상모솔새가 분명하다.
아마도 올해 태어난 새끼일 것이다.

흰눈썹상모솔새_firecrest_의 사촌뻘인 상모솔새_goldcrest_는
영국에서 가장 작은 새다. 흔하지만 발견하기는 쉽지 않다.
나뭇잎 사이에 숨는 데 능숙하며 성미가 다소 비밀스럽기
때문이다. 하지만 이 녀석은 날 보고 딱히 놀라지도 않고, 여전히

상모솔새

먹이를 쫓아 날아다닌다. 요즘처럼 날씨가 좋아 벌레가 풍부한 기간을 최대한 활용하려 안달이 난 모양이다. 상모솔새를 보니 내면에서 익숙한 감각이 솟아난다. 어린 시절 늦여름에 할머니 집 옆에 있는 연못에서 아주 작은 청개구리를 찾아냈을 때, 혹은 퇴비 더미 근처의 쐐기풀 잎 위에서 무당벌레를 찾아냈을 때와 똑같은 아찔하고 짜릿한 느낌이다. 샴페인 초콜릿 트러플을 먹을 때나 소파 등받이 아래 처박혀 있던 10파운드 지폐를 발견했을 때보다 더 황홀하다. 나뭇가지 사이를 날아다니는 상모솔새는 새로운 발견이고, 오늘 하루 이 작은 생물을 목격한 사람은 오직 나뿐이리라.

10월의 숲이 밝은 빛깔을 띠는 게 낙엽 때문만은 아니다.
올해는 들장미, 산사나무, 자두 관목 모두 열매를 주렁주렁 맺었다.
나뭇가지들은 식물성 구슬을 잔뜩 꿴 화려한 목걸이처럼 보인다.
아름다운 광경이다. 이렇게 야생식물에 평소보다 많은 열매가 열려
가지가 묵직해지는 해를 '열매의 해' 혹은 '도토리의 해'라고 한다.

붉은날개지빠귀와
회색머리지빠귀

영국 민담에 따르면 숲에 열매가 많이 열리는 것은 매서운 겨울의 예고다. 왠지 마음에 드는 이야기다. 나무들이 다가올 날씨를 감지하고 비축할 식량을 더 많이 제공해서 새들이 겨울에 살아남을 가능성을 높여준다니. 하지만 사실 숲에 풍년이 드는 이유는 그해 봄 날씨가 따뜻하고 건조하여 꽃가루 수분이 늘어난 데다 7, 8월에 비가 내려 배아가 충분히 맺히고 익었기 때문이다. 하지만 이처럼 덜 낭만적인 설명도 날씨가 추워질 때 찌르레기*blackbird*, 지빠귀, 산비둘기를 위해 준비되어 있을 풍성한 자연의 저장고를 생각하며 내가 흐뭇해하는 걸 막지는 못한다.

10월 중순에 접어들자 마을 변두리의 산사나무 덤불과 숲의 경계를 이루는 잡목 산울타리에서 새들의 활발한 움직임이 눈에 띈다. 개똥지빠귀, 붉은날개지빠귀*redwing*, 회색머리지빠귀*fieldfare*가 뒤섞인 무리가 스칸디나비아와 아이슬란드, 시베리아로부터 겨울을 나러 온 것이다. 새들의 착륙과 거의 동시에 숲의 열매들이 한껏 무르익고 새들은 즉시 산사나무와 마가목, 능금 열매를 쪼아 먹기 시작한다. 산사나무 덤불은 열매를 마음껏 따먹는 멋스러운 얼룩무늬 가슴의 새로 가득 찬다. 그런가 하면 경작된 밭에서 잘 갈린 흙을 뒤지며 벌레를 찾는 놈들도 있다. 10월의 펜스에서는 흔하지만 나에겐 특별한 광경이다.

숲은 아직 파릇파릇하다. 대부분의 나무에 아직 단풍이

들지 않았고 뱀도랏과 민들레꽃도 계속 피어 있다. 주위에 여전히
늦여름의 표식이 남아 있지만, 짧게 깎인 잔디 오솔길 옆에는 이미
내년 봄을 암시하는 미세한 신호가 나타나기 시작했다. 풀줄기
사이로 양치류를 닮은 작고 섬세한 이파리가 눈에 띈다. 사양채*cow
parsley* 새순이다. 내가 가장 좋아하는 야생초인 이 식물의 씨앗은
8월이면 땅에 떨어져 발아한다. 작은 새순은 기온이 4도 이하로
떨어지기 전까지 계속 생장하며, 대부분은 겨울을 이겨내고 다음
해 5월에 꽃을 피울 것이다. 사양채 옆에는 갈퀴덩굴*cleavers* 새순도
있다. 아이들이 산책길에 꺾어서 자기 외투나 부모의 외투에 꽂기
좋아하는 식물이다. '흔들꼬리', '거위풀', '흔들이풀' 등의 별명을
가진 이 식물의 날씬한 줄기에는 섬세하고 조그만 로제트*가
구두점을 찍듯 줄줄이 장식되어 있다. 새로 자란 이 식물들은
겨우내 자리를 지키면서 기온이 영상에 머무는 한 느리게나마
자라날 것이다. 숲속에서는 사실상 벌써 내년 봄이 시작된 것이다.
이런 생각이 내게는 격려가 된다. 나는 겨울 동안 우울함에
사로잡히는 날이면 여기를 들여다보러 와야겠다고 마음먹는다.

펜스에서 한 해 한 해를 보낼수록 자연에 관해, 특히

✤   이파리가 줄기를 둘러싸고 돋아난 형태.

오두막집 주변의 식물군에 관해 더 많이 알게 된다. 낯선 식물을
발견하면 이름을 확인하고 그 식물이 내가 알고 있는 식물군의
어느 분류에 들어가는지 찾아내려 한다. 나는 이런 식으로 펜스에
친숙해져 가면서 이곳을 조금 더 잘 이해하게 되었다고 느낀다.
오늘은 숲에서 내가 모르는 작고 섬세한 꽃 한 송이를 발견했다.
공터 끄트머리의 백악질 토양에 뿌리를 내리고 그늘로 얼룩진
좁은 땅에 이파리를 뻗은 정교하고 아름다운 꽃이다. 가느다란
줄기는 15센티미터 정도이고 꼭대기에는 분홍빛을 띤 작은 컵
모양의 보라색 꽃이 얹혀 있다. 꽃잎은 좁고 가늘며 꽃이 지고
난 다음에는 민들레속 식물처럼 분첩 같은 솜털 씨앗 무더기가
맺힌다. 아마도 민들레의 변종 같아 집에 와서 참고 서적을
뒤적이고 인터넷 검색도 해본다. 하지만 내가 가진
책에서는 그 꽃과 일치하는 민들레 그림이 보이지
않는다. 민들레꽃은 모두 노란색인 데다가 한층 더
화려하다. '영국민들레'로 검색해보아도 수확은
없다. 그러다《영국 식물 컬러 소사전》에서 분홍
빛을 띤 조그만 자주색 꽃을 발견한다.
국화과 식물이 수록된 페이지다.
민망초*blue fleabane*다. 케블
마틴의 수채화는 이

식물의 순전한 아름다움을 완벽하게
포착하고 있다. 나는 이 생소한 식물의
더 많은 개체를 관찰하고 싶어 안달이
난 채 숲으로 돌아간다. 연필과 붓을
집어 스케치를 하고 그림을 그린다.
소박한 꽃의 형태를 종이에 남기는
고요한 과정이 요란하게 몰아치는
생각을 쫓아낸다.

민망초

　　　10월 말에 이르자 지치고
기분이 가라앉는다. 겨울이 되면 일조량
결핍과 그에 따른 세로토닌 분비 감소로
계절성정서장애라는 일시적 우울증이
일어날 수 있다. 어떤 사람들은 겨울의
일조량 부족에 다른 사람보다 조금 더 민감한데, 이들의 경우
신경전달물질 배출량이 더 크게 변동하여 11월부터 3월까지
무기력과 기분 저하를 느끼게 된다. 영국 인구의 20~30퍼센트가
어떤 형태로든 계절성정서장애를 겪는다. 나도 매년 겪고 있는
이 계절성정서장애가 올해도 내 뇌신경에서 음침한 홍차처럼
우러나기 시작한 건 아닌지 두렵다. 이럴 때 바다 가까이서 시간을
보내는 것은 정신적 어둠을 막아내는 특별히 효과적인 방법이다.

그래서 나는 켄트*Kent*로 여행을 떠나 친구인 헬렌을 만나고,
던지니스 곶의 자갈 해변으로 차를 몬다.

이따금 정신적 난조에 빠질 때면 나는 《데릭 저먼의 정원*Derek
Jarman's Garden*》을 펼치곤 한다. 하워드 술리*Howard Sooley*의 훌륭한
사진이 시각적 위안을 주고, 저먼이 던지니스에 지은 보금자리
'프로스펙트 코티지'의 자갈밭을 개간하는 과정도 매혹적이다.
저먼은 지역의 야생식물 군락에 울타리를 두르고, 파도가 던져놓은
녹슬거나 둥글게 깎인 인공물을 추가해 몇 제곱미터의 투박하지만
장엄한 화단을 만들었다. 그리하여 해양식물과 부싯돌 돌멩이,
저먼이 해안선에서 찾아온 금속과 떠내려온 나무토막으로
황량하고도 아름다운 정원이 조성되었다. 메마른 동시에 푸르른
곳이다. 나는 한시라도 빨리 프로스펙트 코티지를 방문하고
싶지만, 그 전에 자갈 위에 자라는 지의류도 반드시 보아야 한다.
4센티미터 이상은 자라지 않는 억센 개척자 식물과 지의류의
복잡한 미시 세계를.

지의류는 던지니스 자갈 해변의 척박한 환경을 견뎌낼 수
있는 극소수의 유기체군 중 하나다. 각각의 유기체군은 곰팡이와
해조류를 아우르며 때로는 박테리아도 가담하는 미생물의 공생
군집이다. 이들은 자갈이 오목하게 파인 지점에 섬세한 장식
융단을 형성한다. 사슴지의류*Cladonia mitis*와 주머니지의류*Hypogymnia*

*physodes*의 청회색과 오렌지지의류*Xanthoria parietina*의 샛노란색,
매화나무지의류*Flavoparmelia caperata*의 옅은 연두색은 은은하면서도
아름답다.

　　헬렌과 나는 이 작고 굳센 식물들이 이루는 숲에 경탄한다.
자갈밭에 정박해 있는 빛바랜 목제 낚싯배의 사진을 찍고,
프로스펙트 코티지의 정원에 머물며 장미 열매와 노란뿔양귀비
이삭, 자갈로 지어진 작은 스톤헨지를 구경한다. 선술집 바깥에서
바다를 바라보며 피시앤칩스를 먹고 몇 시간이나 대화를 나눈다.
이 거대하고 오래된 자갈 무더기에서 본 것과 헬렌과 함께한
시간이 나에게 용기를 준다. 짧은 여행으로 가라앉았던 기분이
풀어지고 계절성정서장애도 한발 물러난다. 하지만 동지까지는
아직 두 달이 남았다. 태양은 서서히 북반구로부터 멀어지며 내
의욕과 에너지를 거두어 가리라. 나는 던지니스를 좀 더 오래
만끽하고 싶지만, 이젠 집으로 돌아가야 한다.

←　　던지니스의 지의류.

11월

November

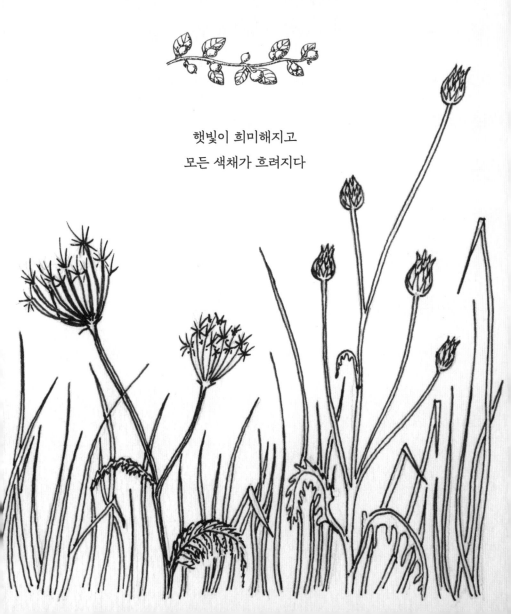

햇빛이 희미해지고
모든 색채가 흐려지다

내가 가을의 속임수를 증오한다는 걸 고백해야겠다. 가을은
종종 올해는 겨울이 오지 않을지도 모른다는 암시로 시작된다.
'이것 봐, 뱀도랏 꽃이 아직도 피어 있어. 게다가 날씨가 6월처럼
따뜻하잖아.' 하지만 난 녀석의 속임수를 잘 알고 있다. 대기의
질감이 미세하게 변하고 인디언 서머$^{+}$가 물러나면 구름이 잔뜩 긴
하늘과 얼얼하고 살벌한 추위가 그 자리를 차지할 것이다. 이 첫
번째 예고에 이어 해를 보기 어려운 잿빛 기간이 몇 주나 계속되면
나는 상심에 빠진다.

　　매년 늦가을과 겨울이 다가오면 마치 산이라도 기어오르는
기분이다. 도저히 못 넘을 만큼 높이 솟은 봉우리가 온몸에서
생명력을 쭉 빼내는 것 같다. 꼭대기는커녕 산기슭에 오르는
것마저 만만찮고, 이 망할 산에 거대한 바위 굴착기로 터널만 한
구멍을 뚫어버리고 싶다. 몇 개월의 시간을 건너뛰고 2월 말쯤

✥　　10월부터 11월 사이에 나타나는 초여름처럼 화창하고 따뜻한 날씨.

커다란 두더지처럼 불쑥 산에서 튀어나와 때마침 맺힐 가시자두 꽃봉오리를 바라보고 싶다. 북반구가 태양으로부터 멀어지면서 나의 활력도 썰물처럼 빠져나간다. 피할 수 없는 계절성정서장애의 중력에 굴복한다면 소파에서 몸을 일으키기가 거의 불가능해질 것이다.

11월에는 밖으로 나서는 매번의 산책이 중요하다. 날씨가 어떻든 숲속에서 보내는 10분은 뇌 신경전달물질의 균형을 변화시켜 사고방식에 영향을 미치고 내가 일과를 유지할 수 있게 해준다. 해가 나오는 날이면 기분에 영향을 미치는 뇌 내의 화학물질이 더욱 많이 분비되고, 어쩌다 어치*jay*나 뱀도랏, 나뭇잎에 앉은 뱀눈나비라도 목격하면 나는 자연 관찰자의 은은한 황홀경에 빠진다. 즉 그날의 산책은 유난히 치유 효과가 뛰어날 것이고, 나는 다가올 겨울에 맞설 각오를 다지며 의기양양하게 귀가하리라.

나는 색채를 탐색한다. 겨울이 다가올수록 가능한 한 자주 숲과 산울타리에서 밝은색을 접하고 싶어진다. 하늘이 찌뿌둥하게 흐린 날에도 숲속 어딘가에 아직 남아 있을 색채를 찾아 집을 나선다. 지난달에는 화살나무 낙엽이 내 기운을 북돋워 주었는데, 이번 달에는 화살나무 열매가 무르익어 생생하다 못해 환상적인 분홍색과 주황색을 과시하고 있다. 유럽들단풍나무잎은 사촌뻘인 플라타너스의 축소판처럼 금빛으로 변했고 너도밤나무*beech*는

눈부신 구릿빛을 띠었으며,
남색 가시자두 열매에는
서리꽃이 곱게 내려앉았다. 나는 이

너도밤나무

모든 것을 지난달에 그랬듯 탐욕스럽게
만끽한다. 앞으로 점점 더 보기 어려워질 이 광경을 조금이라도
붙잡아 **소유**하고픈 욕망이 한층 강렬해진다. 색채가 남아 있는
동안 굶주린 나의 두 눈과 주머니를 가득 채워놓고 싶다. 나는 그
모든 것을 식물학 잡동사니처럼 조금씩 채집하고, 사진으로 찍기
위해 집으로 가져온다.

차갑고 맑은 밤이 지나가자 하늘이 물처럼 파랗게 갠다.
땅이 단단하게 굳고, 그늘진 곳에는 군데군데 서리가 내린다. 이런
날은 산책하러 나가기가 더 수월하다. 햇볕을 쬐기 위해서라도
바깥에 나가게 되기 때문이다. 지난달에 떨어진 낙엽들이 얼었다가
녹고 여러 차례 짓밟힌 끝에 진흙탕 속에서 갈색으로
변해 있다. 여러 날 밤
서리를 맞은 숲은
적잖이 생기를 잃었다.
색채가 흐려진 숲은
서글픈 모습이지만 여전히

가시자두 열매

군데군데 환한 빛깔이 남아 있다.

　　나는 숲속 공터를 에워싼 오솔길을 걷는다. 지난달에 그토록
화려했던 벚나무 잎은 대부분 빛바랜 낙엽이 되어 떨어졌지만,
나는 가지 사이에 남은 한 조각의 노란색을 향해 나무를 헤치며
나아간다. 6월에 난초가 피었던 자리에는 11월의 차림새를 갖춘
유럽들단풍나무 한 그루가 서 있다. 일본단풍나무의 사촌이자
이맘때쯤 가을 빛깔을 뽐내는 뉴잉글랜드단풍나무의 몸집
작은 친척이기도 하다. 이 단풍잎의 빛깔은 정말로 놀랍다.
앵초꽃*primrose*보다 밝고 거의 레몬만큼 샛노랗다. 내가 서서 나무를
바라보는 동안 11월의 흐릿한 햇살이 단풍잎을 관통하며 자연의
색유리를 그 어떤 스테인드글라스보다도 환히 빛나게 한다. 매년
이맘때면 태양과 북반구가 이루는 각도로 인해 태양광이 나무에
도달하기까지 대기를 통과하는 시간이 더 길어진다. 그래서
햇살은 황금빛에 가까워지고 작은 단풍잎들은 마치 불꽃처럼
번쩍인다. 나는 한동안 이 빛과 색을 눈에 담고 있다가 황홀함을
느끼며 자리를 떠난다. 공터로 돌아오면서 꿀벌난초*bee orchid*의 작고
반들거리는 로제트를 찾아보려 했지만 발견하지는 못했다. 분명
여기에 있을 텐데. 서양톱풀*yarrow*과 야생당근*wild carrot* 이파리 사이에
숨는 데 매우 능숙한 식물인 모양이다.

→　　오두막집 근처의 숲에서 찾아낸 자연물과 스케치.

너도밤나무

담쟁이

들장미

가시자두

산사나무

화살나무

11월 6일,
숲에서 발견

　　자연 관찰자는 야생과의 조우에서 이따금 일종의 연속
현상을 겪는다. 나는 11월 중순에 그런 경험을 했다. 몇 달 동안
한 마리도 보지 못했던 새매*sparrowhawk*를 일주일 사이에 두 마리나
본 것이다. 어느 날 아침 애니와 함께 숲속 깊이 들어갔을 때 시야
가장자리에 새매가 모습을 드러냈다. 하지만 망막 위의
거뭇한 얼룩에 지나지 않았고, 순식간에 사라졌기 때문에
내가 정말 새매를 본 게 맞는지 의심스러울 정도였다.
새매가 깃털 달린 유령처럼 겨우 몇 미터 앞의 나무
사이로 재빨리 날아가는 동안, 나는 회백색 가슴 털에
있는 특유의 가로줄 무늬를 간신히 알아보았다.
새는 날개를 구부려 매끄럽게 비행 각도를 바꾸며
나무둥치와 줄기에 충돌하는 것을 피했다. 정밀한
자이로스코프✣나 항법장치도 무색하게 만들 만큼
민첩한 공중 묘기다. 새매의 머릿속에는 작지만 매우
성능이 뛰어난 먹이 탐지 컴퓨터가 내장되어 있는 것이다.
　　두 번째 새매를 본 것은 서퍽*Suffolk*에서 교통 체증에
걸린 차 안에 앉아 있을 때였다. 도로 양옆의 자갈밭과
산울타리 너머 먼 곳에서 무언가 펄럭이는 것이

✣　　임의의 축을 중심으로 자유 회전할 수 있는 틀 속에 빠르게 도는 팽이를
　　장치한 것. 팽이가 도는 동안 회전축이 항상 일정 방향을 가리키는 성질을
　　이용하여 선박 및 항공기의 나침반, 수평 안정 장치 등에 응용된다.

새매

보이더니, 산울타리 위로 새매가 나타났다. 날개 끝과 아래쪽
나뭇가지 사이의 거리가 겨우 몇 센티 정도다. 새매는 들판으로
급강하하더니 빠르고 규칙적인 날갯짓으로 보리 이삭 그루터기를
스치며 날아왔다. 그리고 자동차 위를 지나서 도로 건너편 들판을
계속 날아가다가, 공중으로 솟구치며 저 멀리 산울타리를 넘어
시야에서 사라졌다. 마치 되새와 비둘기, 찌르레기의 목숨을
노리는 소형 제트전투기 같았다. 온종일 흐리고 단조로웠던 하루의
아찔한 하이라이트가 되어준 광경이었다. 새매의 은밀함, 강철
같은 단호함과 불가해함, 울타리와 담을 넘어 나무 사이로 솟구쳐
날아오르는 습성 때문에 새매를 목격하는 것은 허공을 맴도는

황조롱이를 보는 것보다 더 강렬한 경험이다. 나만의 비공식
맹금류 찾기 게임에서 새매는 황조롱이를 완전히 압도하는 존재다.

적어도 하루에 한 번 숲을 산책하지 않으면 애니는 남아도는
기력을 어찌지 못하고 계단을 오르락내리락하며 격렬히 꼬리를
흔들거나, 마을 녹지를 활보하는 까마귀를 향해 우스꽝스러운
강아지 소프라노처럼 낑낑 애처롭게 노래한다. 검은 개†가 내
뇌신경을 거세게 물어뜯을 때면, 주황색 개 애니가 날 바깥으로
끌어내는 셈이다. 산책 시간이 늦어져 짜증이 날 때마다 애니는
특정한 무생물을 적수 삼아 분노를 표출한다. 애니가 유독 신경에
거슬려 하는 나무로 된 난로 솔은 시간이 지나면서 털이 다 빠지고,
여기저기 질겅질겅 물어뜯긴 자국이 남았다. 애니가 숲에 가고
싶어 안달이 나면 내 연필도 철천지원수가 된다. 내가 통화를
하느라 평소의 산책 시간을 넘긴 어느 날은 가장 즐겨 쓰던 HB
연필이 쪼개져 방구석에 나뒹굴고 있기도 했다.

11월 셋째 주는 날씨가 눅눅하다. 이런 날이면 우울증에
이끌려 하게 되는 일과 실제로 기운을 북돋위 줄 활동의 간극으로
인해, 내 안에서 줄곧 정신적 전투가 벌어진다. 나가지 않고 집

✣   영어로 우울증의 비유.

안에 머물고만 싶은 욕구는 늦가을과 겨울의 일조량 감소에 따른
민감성 때문에 활력이 떨어진 탓이다. 거기다 오래된 가족 문제의
근심과 압박까지 더해져 스트레스 수치가 솟구친다. 하지만 내가
이 아늑한 둥지에서 몸을 일으켜 초목 사이로 나아가기만 한다면,
양쪽 다 균형을 찾을 수 있으리라는 것도 확실하다.

  찌푸린 하늘에도 불구하고, 결국 집을 나서는 데 성공한
나는 신이 난 애니를 데리고 평소와 같은 경로로 숲속을 산책한다.
우리가 걷는 오솔길은 여기저기서 갈라지는데, 내가 가장
좋아하는 곳은 길이 공터로 이어지면서 숲 둘레 길과 교차하는
지점이다. 봄여름이면 공터에서는 야생화들이 폭발하듯 피어난다.
검은수레국화, 민들레, 체꽃, 야생당근, 잔디, 눈개승마, 민망초,
그리고 드물게는 꿀벌난초와 손바닥난초*common spotted orchid*가 있다.
숲의 변두리를 따라 난 오솔길에서는 이따금 이삭 속에서 동면하는
무당벌레도 찾을 수 있다. 길 한편에 높다랗게 자라 산울타리를
이룬 가시자두 덤불은 겨울이면 지빠귀와 멋쟁이새*bullfinch* 들에게
인기 있는 모임 장소다. 길의 다른 편에는 어린 너도밤나무 군집이
있다.

  이 오솔길이 숲을 관통하는 중앙 산책로와 만나는 장소에
산사나무와 들장미에 둘러싸인 통나무 벤치 하나와 어린 호두나무
한 그루가 있다. 내가 가장 즐겨 앉는 장소이며, 햇살이 따스하게

얼굴을 데워주는 날이면 더욱 앉아 있기
좋다. 건너편 구석에는 오래된
개암나무hazel가 한 그루,
세 번째 구석에는
장미 덩굴이 뒤엉킨
벚나무가 있고, 네
번째 구석에는 화살나무
군집이 있다. 지난달에 이파리를

산사나무

채집했던 바로 그 나무들이다.

교차점에 이르렀을 때 무언가 내 눈길을 끌어당긴다.
개암나무에 연한 회녹색의 작은 점들이 생겼다. 고개를 숙여 좀 더
가까이 들여다보니 잿빛 하늘과 앙상한 나무를 배경으로 점들이
더욱 선명하게 눈에 들어온다. 클립만 한 크기의 꽃차례 배아다. 이
개암나무 수꽃들은 지금부터 점점 길게 자라다가 2월이면 피어나
꽃가루를 뿜어낼 것이다. 그러면 체리색의 별 모양 암꽃들이
꽃가루받이를 하겠지.

음울한 계절이면 내가 찾아다니는 이런저런 사소한 광경이
있다. 미세한 식물학적 지표들, 결국에는 봄이 오고 말 거라며 나를
안심시켜주는 기분 좋은 신호들이다. 지난달에 나타난 사양채와
갈퀴덩굴 새순처럼 이 꽃차례 배아도 그런 신호 중 하나다. 봄은

오고야 말 것이다. 밤은 **짧아질**
것이며 내 생각들도 다시금 **밝아지고**
가벼워지리라. 나는 한동안 개암나무 곁에서
머뭇거린다. 그러다 애니가 옆에 있는 어느
짐승의 배설물을 흥미롭게 킁킁대는 걸
눈치채고, 녀석이 악취를 온몸에 덮어쓰기
전에 얼른 손짓해서 물러나게 한다.

개암나무
꽃차례

11월 마지막 주에 이르자 끈덕진 우울함이 나의 사고와
인생관을 온통 잠식할 징조가 느껴진다. 이렇게 기분이 가라앉을
때는 평소보다 오래 산책을 하거나 바닷가에서 시간을 보내야 한다.
내 마음은 문득 지난달의 던지니스 여행으로 돌아간다. 또다시
해변이 그리워진 나는 살을 에는 추위와 호우 예보에도 불구하고
차를 몰아 에식스*Essex*로 두 번째 순례에 나선다. 월턴온더네이즈*Walton
on the Naze*는 2000년대에 갇혀버린 듯한 해변 마을로 길을 따라
오래된 카페와 구식 철물점 들이 늘어서 있다. 나 역시 아이스크림과
모래성 쌓기, 슬롯머신으로 하루를 보내는 걸 좋아하지만, 오늘의
목적지는 네이즈 탑과 중앙 해수욕장 북쪽의 해변이다.

　　나는 네이즈 관광객 주차장에서 계단을 오른다.
해수욕장으로 향하는 콘크리트 보도를 따라 북쪽으로 걷다가
모래톱으로 내려와 벼랑 쪽으로 간다. 이곳은 그야말로 지질학
시대가 층층이 쌓인 레이어 케이크다. 이 세로 방향의 시대 구분선
앞에 서면 벼랑 꼭대기의 풀밭 바로 아래쪽에 있는 가느다란
암석층을 볼 수 있다. 60만 년 전에 템스*Thames*강이 날라 놓은
자갈들이다. 매혹적인 이야기다. 런던이라는 대도시를 만든 최초의
문명이 탄생하기도 전에 템스의 조상 격인 강이 에식스를 굽이치며
이 자갈들을 퇴적시켰다는 것이다. 나는 살짝 어지러움을 느낀다.
템스강이 50만 년 넘게 이곳을 흘렀고, 자갈 지층이 완성되었을 때
인간은 겨우 네안데르탈인으로 진화하려는 참이었다니. 템스강의
자갈이 인류 최초의 음식물 조리 흔적과 같은 시대에 속한다는
지질학적 증거도 발견되었다. 이런 생각을 하며 몇 시간이라도 서
있을 수 있을 것 같지만, 나는 오늘 벼랑 아래쪽 지층에 화석을
찾으러 왔다.
　　템스강의 자갈 아래에는 붉은 바위층*the Red Crag*이라는
호박색 모래 지층이 있다. 200만 년 전 에식스 지역은 해양생물이
넘쳐나는 차가운 해류에 잠겨있었는데, 이 생물들의 사체가 해저에
쌓이면서 해안을 따라 조개가 많은 모래언덕이 형성되었다. 바로
이 모래언덕이 붉은 바위층을 이룬 것이다. 이 지층의 붉은빛 도는

주황색은 과거에 있었던 산화작용과 아래쪽 지층으로부터 계속
흡수되는 황철광 때문이다.

붉은 바위층 살짝 아래의 벼랑이 무너진 지점에서는
가까이 가기도 전부터 노출된 조개 화석들이 보인다. 나는 모래
사이로 여기저기 보이는 고둥 화석에 신나게 달려든다. 이제는
멸종된 매물고둥 종류로, 나선무늬가 현재의 고둥을 비롯한 거의
모든 복족류*Neptunea contraria*의 껍질과 반대 방향으로 감겨 있다.
이곳에서는 흔해서 찾기 쉬운 데다 붉은 바위층에 묻혀 살짝 녹슨
빛깔이라는 점만 빼면 그렇게 오래전에 쓸려온 것처럼 보이지도
않는다. 하지만 엄연히 수백만 년 전의 화석들이다. 나는 오늘 두
번째로 아득한 과거의 흔적을 들여다보며 경이에 젖는다.

해안 쪽으로 다시 기어 내려가 벼랑이 모래톱과 만나는
가장 아래 지층에 이른다. 5,400만 년 된 런던점토층은 연푸른색이
도는 퇴적층으로, 브리튼*Britain* 제도가 아열대기후에 속하고 상어와
거북이가 난류 속에서 헤엄치던 시절이 있었다는 증거다. 새와
갑각류, 말이나 고래 같은 포유동물을 포함한 과일과 나무 씨앗의
화석을 인접한 모래톱과 이 지층에서 발견할 수 있다. 나에게 이
모래톱은 거대한 분더캄머*Wunderkammer*, 즉 '경이의 방'이다.

본격적인 탐색에 나서려는데 빗방울이 떨어지기 시작한다.
바다 쪽에서 바람이 불어와 끈질기게 해안을 때린다. 지독하게

춥다. 날씨가 이럴 때면 보통 못 이기고 차로 돌아가지만, 오늘은
마음을 단단히 먹은 터라 계속 걸으면서 눈으로 모래를 훑는다. 몇
분 만에 줄무늬상어 이빨이 눈에 들어온다. 5,400만 년 전에 살았던
거대 연골어류의 입안에서 나온 길쭉하고 아주 날카로우며 짙은
광택이 도는 이빨이다.

　나는 집에 돌아와서 오늘 해변에서 찾은 것들을 지금껏
모은 조개껍질과 화석 옆에 펼쳐 놓는다. 채집한 식물과 화석을
늘어놓고 살펴볼 때 내 마음은 그림을 그리거나 빵을 반죽할 때와
비슷한 상태가 된다. 내면의 갈등이 누그러지고 평온이 찾아든다.
나는 온전히 나 자신을 위해 선택한 물품을 진열하며 자그마한
임시 박물관을 조성한다. 그 과정은 위안을 주고 우울을 거둬 갈
뿐만 아니라 이 사물들을 찾아낼 때 느꼈던 만족감을 증폭시킨다.

　나는 정리하고 진열하는 일과 연결된 정신적 경로에
호기심을 느낀다. 그것이 우리 조상들이 채집 여행 후 손에 넣은
잎과 열매, 씨앗, 견과류와 조개를 처리하던 과정까지 거슬러
올라가는지 궁금하다. 이 연결고리를 제대로 연구하려면 상당한
예산과 고고학자, 뇌신경학자의 작은 군단이 필요하리라.
내가 아는 것은 단지 발견한 것들을 가지런히 늘어놓는 소위
'놀링knolling'이라는 행위가 스트레스를 덜어주고 은근한 도취감을
준다는 것이다.

월턴온더네이즈에서 찾아낸 화석들

4,900~5,600만 년 된
런던점토층에서 나온
황철석화 된 나뭇가지.
이 시기에 영국은
아열대기후 지역이었다.

런던점토층에서 나온
줄무늬상어 이빨.
5,000만 년 전
에식스 해변에는
상어와 거북이가
헤엄쳐 다녔다.

붉은 바위층에서
나온 180~300만 년
전의 여왕가리비.

붉은 바위층에서 나온
무늬조개 종류들.
현재의 돌조개와
친척뻘이다.

매물고둥(왼쪽)은
약 200만 년 전에 서식했던
고둥의 한 종류다.
오늘날의 고둥(오른쪽)과
반대 방향의 나선무늬를
보여준다.

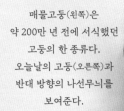

월턴온더네이즈의
붉은 바위층에서 나온
다양한 연체동물들.

붉은 바위층에서 나온 송곳고둥.
오늘날 영국 해변에 서식하는
송곳고둥의 친척이다.

6.

1.

5.

2.

4.

3.

1. 동네 숲에서 채집한 들장미 열매.

2. 동네 숲에서 채집한 버들강아지.

3. 웨어햄 근처의 숲에서 채집한 낙엽송 솔방울.

4. 브래드필드 숲에서 채집한 올빼미 깃털.

5. 업웨어 근처에서 채집한 떡갈나무잎과 도토리.

6. 던지니스에서 채집한 사슴지의류.

12월

December

한 해의 가장 짧은 날들,
찌르레기가 모여들다

마지막 온화한 날들도 지나가고, 이제 남은 것은 추위와
크리스마스뿐이다. 축제 기간의 경쾌한 반짝거림과 탐식도 12월이면
내 마음을 잠식하는 울적함을 걷어내는 데 크게 도움이 되진 못한다.
다가오는 몇 달이 가장 극복하기 어려운 시기가 되리라는 것을 안다.
머릿속이 온통 오락가락하고 활력은 빠져나가 버렸다. 세로토닌과
도파민 분비 검사를 해보진 않았지만 이런 변화는 분명 12월에서
2월까지 뇌 내에 일어나는 화학작용 때문일 것이다.

　　　마음이 이런 상태에 들어서면 아름다운 광경에 반응하는
능력조차 사라지는 것 같다. 북반구의 태양광이 약해진 것은 뇌
내에서 변화를 만드는 동시에 지역 식물군에도 변동을 일으켰다.
내가 봄과 여름에 유난히 생기 있는 것은 눈에 들어오는 강한
햇살**뿐만 아니라** 앵초, 체꽃, 민들레, 벚꽃, 양귀비와 진초록빛
잎들이 이루는 현란한 풍경 때문이다. 햇빛이 약해지면 꽃은 시들고

풍경은 색채를 잃어버린다. 내 시냅스는 기력을 앗아가는 이중의
타격을 견뎌내고 있는 것이다.

　　몇 주 동안은 움직이는 것조차 어려워지기도 한다. 우울증은
나를 뜯어 먹으며 침묵 속에서 점점 자라나고, 결국 집 밖에 나서는
일도 감당할 수 없을 만큼 힘들어진다. 무기력과 부동 상태, 이에
따른 기분의 급락과 더욱더 길어지는 정지. 피할 수 없는 하강
나선의 악순환은 이런 상황을 촉발한 계절의 변화만큼 중단시키기
어려워 보인다. 나 자신이 점점 고착되어 시무룩한 삿갓조개처럼
자리에 들러붙는 게 느껴진다. 하지만 이 어둡고 아찔하고
미끄러운 구덩이에 빠져들지 않도록 발 디딜 곳을 찾아내야 한다는
걸 알고 있다.

　　나는 자신을 다그치며 간신히 애니와 산책하는 일과를
이어간다. 공터의 풀은 시들어 버렸고, 최근 내린 비로 땅에 쓰러져
서리 맞은 갈색 곤죽이 되어 있다. 마치 무더기로 버려진 축축한
가발 같아서 어느 미국 대통령의 끔찍한 머리 모양이 연상된다.
야생당근과 서양톱풀 이삭은 회갈색으로 말라붙었고 마지막
민들레꽃은 사라졌으며, 풀밭을 둘러싼 오솔길은 잿빛 진흙탕으로
변했다. 엽록소의 생생한 초록빛이 그리워지지만, 다행히 얼음에
굴복하지 않고 여기저기 흩어져 있는 주홍빛 장미 열매를
발견한다.

공터를 빙 돌아가는 오솔길 건너편에는 산사나무와
서양가막살나무*wayfaring tree*가 무성한 곳이 있다. 낮은 덤불이
우거진 이 지점은 새들이 즐겨 찾는 장소다. 따스한 계절에는
여기서 청딱따구리, 검은머리솔새, 굴뚝새*wren*, 검은다리솔새,
검은지빠귀*blackbird*, 푸른머리되새와 울새의 노래를 들을 수
있다. 이끼로 덮인 나뭇가지에 아직 산사나무 열매 몇 알이 남아
있어서 나는 발길을 멈추고 그 모습을 바라본다. 포도주 빛의
암적색 알맹이마다 보이는 별 모양의 흉터는 5월에 피어난 꽃이
꽃가루받이를 하고 작은 열매로 변신하면서
남긴 마지막 흔적이다. 보기 좋은
광경이다. 나도 지난 8월에 여기서
산사나무 열매 수백 개를 따다가 진에
넣고 과일주를 만들었다. 장미과에
속하는 산사나무 열매로 담근 술은
터키시 딜라이트✝와 아찔한 여름의
향내를 풍긴다. 짙은 포도주 빛 열매와
금속 세공처럼 섬세한 청회색과
연녹색을 띤 이끼가 아름다운 대조를
이루고, 오늘 나는 이 색채들이 너무나
고맙게 느껴진다.

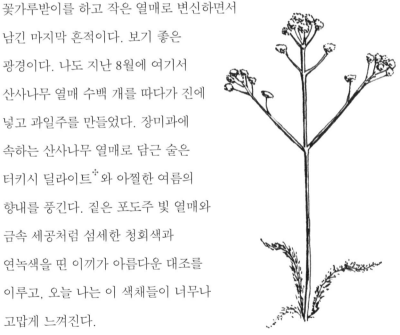

서양톱풀 이삭

✝   터키의 전통 과자로 흔히 장미 향을 더한다.

가시자두가 무성한 숲 한가운데를 지나 집으로 향할
때, 10월에 상모솔새를 보았던 곳 근처의 나뭇가지 사이에서
조그맣고 규칙적인 새의 노랫소리가 흘러나온다. 나는 그 인상적인
노랫소리의 정확한 근원을 추적해본다. 가시자두 덤불 꼭대기를
따라 오목눈이*long tailed tit* 한 무리가 날고 있다. 이 새들은 찌르레기나
되새처럼 떼 지어 날지 않고 계주라도 하듯 한 줄로 몇 미터씩 길게
늘어서서 난다. 우두머리 새가 잽싸게 30센티미터 정도 급강하하면
바로 뒤의 새가 따라 하고, 뒤이어 한 마리씩 똑같이 하강한다.
새들은 차례로 급강하 비행을 선보이고, 마지막 새까지 따라잡으면
다시 우두머리 새가 움직이기 시작한다.

새들은 날아가면서 노래한다. 날카롭고 높은 음조로 숨
가쁘게 지저귀는 소리가 새들의 움직임에 맞춰 터져 나온다. 나는
이동식 실뜨기 놀이 같은 조직적인 비행에 경탄한다. 예전에도
케임브리지셔*Cambridgeshire*의 데블스다이크*Devil's Dyke* 골짜기와
베리세인트에드먼즈*Bury St Edmunds* 근처의 브래드필드*Bradfield* 숲을
따라 걷다가 이런 광경을 목격한 적이 있다. 어쩌면 오목눈이들의
목적은 새매가 둥지를 틀고 먹이를 찾는 숲을 지나갈 때 그들을
피하거나 혼란스럽게 만드는 것인지도 모른다.

오목눈이는 의기양양하게 직선으로 비행하는 모습 때문에
더욱 멋스럽게 느껴진다. 내가 의인화의 오류를 저지르고 있다는

오목눈이

건 알지만, 녀석들은 정말로 공중제비를 돌며 숲을 지나가는 걸
즐기는 것처럼 보인다. 그리고 나 역시 줄곧 마음을 갉아먹는
울적함에도 불구하고 이 소소한 야생의 풍경이 때맞춰 선사한 기분
전환을 즐긴다. 하지만 애니는 오목눈이에 전혀 관심이 없다. 알고
보니 내가 새들을 바라보는 동안 길가에서 악취를 풍기는 깃털
달린 짐승의 사체를 발견하고 미처 말리기도 전에 꿀꺽 삼켜버린
것이었다. 오두막으로 돌아오면서 나는 그 사체가 애니의 뱃속에
해를 끼칠까 봐 근심스러워한다.

하루는 오후에 차를 몰고 마을을 벗어난다. 펜랜드*Fenland*를
가로질러 업웨어*Upware*와 위큰*Wicken* 마을을 향한다. 도로 함몰이

어찌나 심한지 차를 몰고 가다 보면 중간중간 롤러코스터를
탄 기분이다. 울퉁불퉁한 길바닥이 펜스에서 시간을 보낼
때의 비현실적인 느낌을 더욱 북돋워 준다. 이 경관은 400년
전에 만들어진 것으로, 영국과 네덜란드의 기술을 결합하여
이스트앵글리아*East Anglia*에 배수 공사를 하면서 형성되었다. 배수
공사 전에 이곳 들판은 물에 잠겨 있었고 주민들은 갈대 베기,
물새 사냥, 낚시와 거룻배 운송업으로 생계를 유지했다.

　　우리 집에서 멀지 않은 곳에 '무너진 땅'이라는 뜻을
가진 잉글랜드 동부의 모래흙 지대, 브레클랜드*Breckland*가 있다.
지평선 위로 이곳 특유의 매력적인 해송海松과 오리나무,
버드나무, 갈대 군락이 점점이 보인다. 이 지역은 제초제와
살충제 사용으로 생물다양성이 붕괴된 '녹색 불모지'지만,
경작지 군데군데 내셔널트러스트*National Trust*✝가 복구한 습지가
섬처럼 분포되어 있다. 펜비전*Fen Vision* 프로젝트는 위큰에서
케임브리지셔 경계까지 꾸준히 이어지는 전원 경관을 조성하기
위해 5세기 전의 습지를 복구하는 것을 목표로 한다. 우리 마을
외곽에도 이 계획의 일부인 땅뙈기가 있다. 가끔 찌르레기 한
무리가 쉬어가는 작은 저수지가 있는 야생 목초지의 한 자락이다.
여름이면 새호리기*Hobby*가 공중에서 잠자리를 낚아채고, 겨울이면
스칸디나비아로부터 날아온 유령 같은 쇠올빼미가 서리 맞은 풀

✝　19세기 말 설립되었으며 자발적 기부와 증여로 가치 있는 자연 및 문화자원을
　　확보하고 보존하는 영국의 시민 환경운동 단체.

속에서 먹이를 사냥하며 지낸다.

펜스를 횡단하다가 멀리 날아가는 새 떼를 발견하고
그쪽으로 차를 몬다. 이 시간대면 작은 찌르레기 떼가 내려앉아
쉬기 전에 습지 위를 선회하는 광경을 흔히 볼 수 있다. 하지만
지금 만난 이 새들은 찌르레기보다 더 크고, 공중에서 근사한
곡선을 이루며 날고 있다. 나는 차를 세우고 허둥지둥 쌍안경을
찾는다. 뭉툭한 날개 모양과 옆구리 아래의 희뿌연 무늬를 보니
댕기물떼새*lapwing*가 분명하다. 어린 시절 차창을 통해 고속도로
옆 경작지에 서 있는 댕기물떼새 여러 마리를 목격한 이후로 나는
항상 이 조류에 매혹되어왔다.

무지갯빛이 도는 암청색과 검은색 날개, 그리고 레이스
스카프 같은 화려한 머리 깃털 때문에 처음 이 새를 고속도로에서
보았을 때는 좀처럼 내 눈을 믿을 수가 없었다. 머나먼 나라에서
온 것처럼 이국적인 이 새는 나에게 도시 변두리의 극락조와 같은
존재였다. 댕기물떼새의 더욱 큰 매력은 독특한 선회비행 궤적과
복화술처럼 들리는 구슬픈 금속성의 울음소리다. 댕기물떼새는
영국의 멸종위기종 목록에 포함되어 있는데 지난 25년 사이 짝을
짓는 개체가 급속히 줄어들었기 때문이다. 그러니 백 마리도
넘는 댕기물떼새 무리가 용감함을 과시하듯 나무 위로 솟구쳐
공중을 선회하는 것은 정말로 보기 드문 흐뭇한 광경이다. 오후에

댕기물떼새를 보고 나서 기분이 엄청나게 좋아진
것은 아니지만 적어도 더 가라앉진 않았고, 이
광경이 머릿속에 일으킨 미묘한 떨림은 나에게
간절히 필요했던 것이었다. 나는 차 안에 앉은
채 몇 분이나 댕기물떼새를 바라보다가 다시
여행길에 나선다.

　　댕기물떼새의 수는 20세기 초부터
줄곧 감소했지만, 펜스는 봄에 파종되어 자연
상태로 자라는 농작물과 손대지 않은 초원이
모자이크처럼 다양한 서식지를 형성한 덕분에
여전히 이 새들의 서식에 한몫을 하고 있다.

　　12월 21일, 동짓날이다. 일조 시간이 한 해의 최하점에
이른다. 이 시기의 어둠함은 나를 꼼짝 못 하게 만든다. 화강암처럼
견고한 겨울의 산봉우리가 내 마음을 짓누른다. 살아간다는
게 찐득거리는 진흙탕을 건너는 것처럼 느껴진다. 하루하루가
지독하게 고단하다. 일 년 중에서도 가장 견디기 어려운 몇
주간이다. 쾌락을 감지하는 능력과 정신력을 주는 뇌 신경전달물질

댕기물떼새

칵테일의 중요한 재료가 빠져버린 것 같다. 낮이 짧아지면서
증세는 더욱 악화된다. 아마 지금 내 뇌는 도파민과 세로토닌
분비가 저하된 상태겠지. 문득 인간이 아직 발견하지 못한 뇌
신경전달물질이나 화학성분 중에 계절성정서장애가 심해질 때
급락하는 것은 없는지 궁금해진다.

몸을 움직이는 것만으로도, 솔직히 말하면 계속 숨을

쉬는 것만으로도 내가 가진 힘을 모조리 짜내야 한다. 그래서
한겨울에는 무리해서 매일 산책하러 나가는 것은 그만둔다. 대신
차를 몰고 펜랜드 지대를 돌아다니는 일에서 두 발로 숲을 걷는
것과 맞먹는 정신적 위안을 발견한다. 딱히 목적지도 없이 차를
몰고 다니는 게 생태학적으로 건전하지 못한 일이란 걸 알기에
죄책감이 느껴진다. 하지만 잿빛 하늘을 배경으로 앙상하게 서
있는 나무들, 길가를 선회하는 황조롱이, 들판에서 꽥꽥 울어대는
군센 뇌조 무리를 발견한다면 내 마음속에 미묘하지만 거대하고
간절한 전율이 일어나리라는 것도 잘 안다. 마치 은신처로부터
날아오르는 찌르레기 몇 마리를 보았을 때처럼.

　　　차를 몰고 듈링햄*Dullingham*을 지난다. 우리 집과
헤이브릴*Haverhill* 사이에 있는 작은 마을이다. 도로변에는 휴한지와
경작된 들판, 작은 삼림과 너저분한 산울타리들이 늘어서 있다.
병의 여파와 끝없이 이어지는 힘든 날들로 처참한 마음을 안고
밤중에 차를 몰고 이 길을 지나간 것이 수백 번은 더 될 것이다.
그러면서 이 길에서 올빼미*tawny*, 금눈쇠올빼미*little*, 가면올빼미*barn*를
여러 번 보았다. 어쩔 줄 모르고 웅크려 있거나, 차와 경주하듯
전속력으로 달리는 산토끼도 보았다. 가끔은 생쥐나 들쥐가 완전히
겁에 질린 모습으로 허둥지둥 차도를 건너가기도 했다. 담비나
족제비는 좀 더 보기 어려운 동물인데, 마치 아스팔트 위를 후다닥

←　　습지대의 작은 찌르레기 떼.

족제비

지나가는 흉악한 털투성이 시가*cigar*처럼 보인다.

　우리 마을과 듈링햄 사이에는 고도가 높은 지대가 한
자락 있다. 경작지로 뒤덮인 나지막한 고원이다. 도로변에 어린
물푸레나무가 늘어서 있어서 이따금 해 질 무렵이면 가면올빼미가
그중 한 그루에 앉곤 한다. 그 길을 차로 지나는데 겨울 밀밭을
배경으로 한 무리의 거무스름한 형체가 눈에 들어온다. 언뜻 보니
사슴 몇 마리가 내가 가는 것과 반대 방향으로 움직이고 있다. 나는
차를 세운다. 그중 한 마리는 짧지만 근사한 뿔을 가진 수놈이다.
궁둥이에 흰 털로 덮인 꽤 큰 타원형 반점이 있는 걸 보니
노루*roe deer*다. 녀석들이 들판을 달려가는 광경은 무척 유쾌하다.
오래전부터 수 세기 동안 목격되었을 모습이다. 노루는 사슴보다
작지만 영국에서는 큰 포유동물에 속하며 내가 사는 곳 근처에서도
종종 야생 집단을 볼 수 있다. 수노루의 당당한 태도와 숲속의
상형문자처럼 한 줄로 걸어가는 노루 세 마리의 움직임 때문에 이

광경이 더욱 특별하게 느껴진다.

　　노루를 보면서 나는 우리가 비료와 살충제를 사용하는 현대적인 농업 방식으로 얼마나 이 땅을 착취했는지, 더 많은 식량을 얻고 이윤을 최대화하기 위해 얼마나 숲과 습지를 쥐어짰는지 떠올린다. 나는 곤경에 빠진 벌과 꽃가루받이 곤충의 대량 말살을, 그리고 그로 인해 생존에 위협을 받는 여러 종의 조류를 생각한다. 하지만 그럼에도 불구하고 저 노루들은 겨울 밀 싹이 자라는 이 밭을 건너고 있다. 그들을 목격한 것은 분명 기쁜 일이지만 나는 모순된 감정을 느낀다. 저 노루들의 조상이 살았던 16세기의 영국을 엿보고 싶다. 해마다 돌아오는 나이팅게일nightingale과 뻐꾸기의 개체 수가 줄어들지 않고, 멧새 무리가 경작지에서 행복하게 사는 오래된 전원 속에 지내고 싶다. 나는 노루를 만나 기뻤고 다른 여러 광경을 보았을 때처럼 그들의 모습에서 마땅한 마음의 위로를 받았지만, 차를 몰아 그곳을 떠나면서 문득 착잡한 마음을 느낀다.

가면올빼미 *Barn owl*

올빼미 *Tawny*

금눈쇠올빼미 *Little*

1월

January

무당벌레가 잠들고
스노드롭 꽃망울이 올라오다

황조롱이 *Kestrel*

오색딱따구리
Great spotted woodpecker

꿩 *Pheasant*

새해가 되면 나는 항상 은근한 안도감을 느낀다. 크리스마스부터
봄이 시작하기 전까지 몇 주간은 기상학적으로나 신경학적으로나
가장 암담한 기간이지만, 그래도 1월 1일은 일종의 정신적 시금석이
되어준다. 겨울의 절반이 지나갔고, 나는 아직 가장 깜깜한 절망의
구렁텅이에 빠져들지 않았다. 이런 낙관적인 생각을 하면 이후
며칠간은 한결 산뜻한 기분으로 지낼 수 있다.

　　1월의 첫 며칠 사이 나는 애니를 데리고 숲으로 산책을
나간다. 오솔길 왼편에 있는 이웃의 땅에는 분명 스노드롭*snowdrop*이
싹을 틔웠겠지. 울타리 안을 넘겨다보지만, 평소에 스노드롭 새순이
나타나던 지점은 너무 멀어서 보이는 것이 새순인지 그냥 풀잎인지
확인할 수가 없다. 나는 산울타리 안쪽으로 연결되는 쪽문을
발견하고 슬그머니 그리로 들어간다. 바로 거기에 있다. 겨우 몇
센티밖에 자라지 않았지만 믿을 수 없을 만큼 파릇파릇하게 물이

스노드롭

오른 새순이다. 최초의 꽃망울을 목격하는 것은 나에게 한 해의 중요한 분기점이다. 그것은 몇 주 동안 알싸한 향신료의 맛을 못 본 뒤에 먹는 카레와도 같고, 애매한 3월의 햇살을 받으며 그해 최초로 야외에서 마시는 차 한 잔과도 같다. 이 스노드롭은 식물 세계의 〈스타워즈 4: 새로운 희망*Star Wars Episode IV: A New Hope*〉에 해당한다고 할 수 있다.

나는 어느 날 이른 저녁 시간에 케임브리지셔에서 차를 몰아 집으로 돌아간다. 큰딸이 나와 함께 있다. 쇼핑을 마치고 맛있는

햄버거도 먹은 터라 우리는 흡족한 상태다. 마을 입구에서 차의
속도를 늦추는데 산울타리 가까이에서 무언가 언뜻 움직이는 게
보인다. '어린애 혼자 어둠 속에서 버스를 기다리고 있다니 대체
무슨 일이지?' 하고 생각했는데, 알고 보니 아이가 아니었다.
뉴마켓*Newmarket*으로 가는 버스를 기다리는 것처럼 버스 정류장
표지판 옆에 서 있는 것은 짖는사슴이었다. 내 차 전조등에 살짝
놀랐는지 정류장 뒤쪽 산울타리로 숨어들다 말아서, 머리와
앞다리만 가려지고 갈색 엉덩이는 쑥 튀어나와 있다. 그렇게
잔가지 속에서 엉덩이를 내놓은 채 자기가 꼭꼭 잘 숨었거니
생각하고 있겠지. 그 모습을 보니 아주 어린 시절의 막내딸이
떠오른다. 그 애는 숨바꼭질을 할 때마다 자기 눈만 가리면
우리한테 자기가 안 보일 거라고 착각하곤 했지.

　　　　저 녀석이 지난가을에 밤마다
두 딸의 잠을 깨웠던 그 사슴인지
궁금하다. 몇 주 동안
꼭두새벽부터 오두막집 앞의
공유 녹지에 들어와서 귀에
거슬리는 소리로 크게 울며
짝짓기 상대를 찾던 그
녀석 말이다. 아니면

짖는사슴

작년 봄에 스노드롭 새순을 보았던 산울타리 옆 숲속 공터에서
엄마와 함께 있던 아기 사슴의 아빠일 수도 있다. 우리는 그때
무척 나이가 많았던 우리의 첫 번째 반려견 미니와 함께 숲속을
걷고 있었는데, 문득 왼편 울타리 바로 안쪽에서 새된 삑삑 소리가
들려왔다. 그리고 요란하게 바스락대는 소리가 나더니 다 자란
짖는사슴 한 마리가 산울타리 속에서 폴짝 뛰어나왔다. 마치
살짝 통통한 영양처럼 보였다. 사슴이 돌아서서 나를 주시하며
퉁명스러운 울음소리를 내자 가시덤불 아래에서 무언가 후다닥
튀어나와 그 앞에 멈춰 섰다. 아기 고양이만 한 크기에 도토리
빛깔을 띤 어미의 축소판이었다. 아기 사슴은 엄마와 함께
삐죽삐죽한 산사나무 산울타리 속으로 뛰어들어 내 눈앞에서
사라졌다.

스노드롭을 본 이후 곧 날씨와 주변 풍경이 축축하고
음울해진다. 일조 시간은 여전히 짧고 일조량도 부족하다. 기분
저하를 막아주는 신경전달물질이 썰물처럼 빠져나가고 활력이
급감한다. 이런 날씨가 며칠씩 이어지자 움직이기가 어려워진다.
오두막집 안에 움츠린 마음은 침체와 부동의 담요 아래 무겁게

내려앉는다. 태양이 그립다. 나는《매혹의 4월》오디오북에 귀를
기울인다. 활짝 핀 등나무꽃과 햇살에 잠긴 꽃이 만발한 정원을
묘사한 단락이 내 마음에 향기로운 연고처럼 작용한다. 나는
멜랑콜리에 빠진 고슴도치처럼 아주 오랜 시간 잠을 잔다.

　　1월 중반에 접어들자 하늘이 맑게 개고 기온이 떨어진다.
물웅덩이가 얼어붙고 진흙탕이 굳어서 그 위로 걸으면 쾅쾅 큰
소리가 울린다. 아직 남아 있던 나무 열매도 점점 커지는 얼음
결정에 꿰뚫려 터지면서 까맣게 변색된다. 수채화처럼 은은한
하늘에 창백한 해가 낮게 뜬 겨울 풍경이 언월도 칼날처럼 마음속의
혼수상태를 싹 걷어간다. 나는 원기를 돋우는 대기의 변화에
감사하며, 뺨이 얼어붙을 듯한 따끔한 공기를 무릅쓰고
애니와 함께 친숙한 숲속 오솔길로
나선다. 어린 너도밤나무 꼭대기에서
오목눈이의 울음소리가 들려오고,
메마른 구릿빛 잎사귀 사이로 녀석들이
훨훨 날아다니는 모습도 보인다. 우리는
개암나무가 자라는 공터 구석에서
시작해 숲을 둘러싼 삐죽삐죽한 산사나무
산울타리를 따라 숲의 경계를 걷는다. 오른편
너도밤나무 아래로 군데군데 희뿌연 백악질

야생당근

토양이 드러나 있고 야생당근과 뱀도랏 이삭, 잔디와 헐벗은
들장미 넝쿨이 잿빛과 황톳빛의 조각보를 이룬다. 여기저기 서리
내린 웅덩이가 있다.

이곳에는 수레국화의 친척뻘 다년초인 검은수레국화가
서식한다. 6월과 7월이면 꽃등에와 벌, 나비가 좋아하는
검은수레국화의 자주색 꽃이 짙은 안개처럼 만발한다. 프릴
장식처럼 생긴 진자줏빛 꽃은 따스한 계절이면 이 지역의 곤충
다양성을 조사하기 좋은 곳이기도 하다. 하지만 1월인 지금도 내가
10월에 그렸던 바싹 마른 이삭들이 자리를 지키고 있다. 햇빛이
나자 꽃잎을 닮은 포엽苞葉*이 벌어져 말린 해바라기의 축소판 같은
형태를 이룬다. 검은수레국화 이삭을 들여다보는데 눈가에 무언가
작고 붉은 것이 어른거린다. 처음에는 너무 빨리 몸을 굽힌 나머지
망막에 섬광이 들어온 줄 알았지만, 어른거림이 좀처럼 사라지지
않아서 가까이 들여다보니 로제트 여러 개의 중심부에 무당벌레가
들어가 있다. 그중 하나에는 무려 다섯 마리가 겨울잠에 취해
꼼짝 않고 웅크려 있다. 이삭 중심부의 부숭부숭한 털은 공기를
가두어 단열층을 형성하며, 기온이 급락하는 맑은 겨울밤에 서리가
침투하는 것을 막아 무당벌레들을 보호해준다.

무당벌레들이 한데 모여 겨울을 나는 데는 이유가 있다.
무당벌레는 낮에 활동하다가 새나 다른 포식자에게 습격을

✤   꽃받침이나 봉오리 주위를 둘러싼 작은 잎.
↵   검은수레국화 이삭 안에서 겨울잠을 자는 무당벌레들.

받으면 다릿마디에서 누르스름한 액체를 뿜어낸다. '반사
혈액*reflex blood*'이라는 다소 살벌한 명칭으로 불리는 이 액체는
알칼로이드*alkaloid*✛가 풍부하여 새들에게 쓰고 역겹게 느껴진다.
이 분비물은 무당벌레 특유의 밝은 몸 색과 함께 효과적으로
천적을 퇴치하는데, 대부분의 새가 무당벌레를 잡아먹으려다가 톡
쏘는 맛의 독극물을 부리 가득 머금고 나면 이후에는 무당벌레를
기피하기 때문이다. 겨울에는 진딧물이나 깍지벌레 같은 평소의
먹이가 사라지고 기온이 너무 낮아져 활동이 불가능하므로,
무당벌레가 살아남으려면 겨울잠을 자야 한다. 하지만 11월에서
3월까지는 반사 혈액을 생성할 에너지가 부족해서 습격을 받아도
이 물질을 내뿜지 못한다. 그러므로 침엽수의 바늘잎 사이,
바싹 말라 돌돌 말린 너도밤나무 잎사귀 안쪽, 구부러진 들장미
잔가지같이 서리가 침투하지 못하는 장소에 모여드는 방법을
택하는 것이다.

어쩌다 울새나 바위종다리*dunnock*가 겨울 간식으로
무당벌레를 먹으려 한다면 그중 한두 마리는 목숨을 잃을지도
모르지만, 나머지는 한데 모여서 언뜻 보면 검은색과 빨간색의
경고성 색채를 뿜내는 한 마리의 커다란 곤충 같은 모습으로
살아남을 것이다. 그렇게 대부분의 개체는 날이 따뜻해지는
3, 4월에 다시 한 해를 시작한다. 널리 사랑받는 이 벌레들이 작은

✛   생물체 내에서 특정한 생리작용을 일으키는 질소를 포함한 염기성 유기화합물의 통칭.

식물 침대에 모여서 쉬는 광경을 보니 마치 보물찾기를 할 때 같은 흥분이 느껴진다. 내 눈에는 꼭 딱정벌레 모양의 루비처럼 보인다. 1월 초에 음울한 날씨와 함께 찾아온 멜랑콜리가 조금은 걷히는 듯하다.

칠성무당벌레

자연 애호가들이 소시지 냄새를 맡은 애니만큼이나 흥분해서 날뛸 만한 소식이 들려온다. 월버스윅*Walberswick* 일대에서 매일 저녁 4만 마리에 이르는 찌르레기 군집이 날아올라 선회한다는 소식이다. 인스타그램에 증거 사진도 올라와 있다. 하나의 유기체처럼 허공에서 춤추는 거대한 새 떼를 보는 것은 겨울 우울증을 씻어내는 데도 도움이 될 것이다. 그 광경이 너무 보고 싶어서 나는 얼마 전 서퍽으로 이사 온 친구 멜에게 연락을 한다. 나처럼 자연 애호가인 멜 역시 찌르레기 떼를 보고 싶어 해서 우리는 함께 차를 타고 해가 지기 한두 시간 전에 월버스윅으로 간다. 콘크리트 다리를 건너고 시즈웰*Sizewell* 원자력발전소 방향으로

뻗은 모래언덕을 기어 올라 널따란 갈대밭을 지난다. 알고 보니
멜도 나만큼 자갈 관찰을 좋아하고, 이 해변 지대에는 파도에
닳은 부싯돌, 홍옥수, 벽옥뿐 아니라 발트 해안에서 온 호박도
잔뜩 퇴적되어 있다. 우리는 걸어가는 시간의 상당 부분을 몸을
구부리고 자갈밭에 시선을 고정한 채 구멍 난 돌멩이와 둥글게
깎인 달걀 모양의 부싯돌을 찾는 데 쓴다.

멜과 나는 갈대밭을 에워싼 높다란 모래언덕을 걸어
찌르레기들이 쉬러 온다는 곳으로 간다. 햇살이 사위고 구름이
살굿빛과 복숭앗빛으로 반짝이기 시작하자 우리는 지평선에 시선을
고정한다. "오, 저기 온다." 멀리 떨어진 숲 위에서 새 떼를 본 내가
흥분해서 외치지만, 거리가 좀 더 좁혀지자 그 새들이 찌르레기가
아니라 떼까마귀라는 사실을 알아챈다. 유감스럽게도 그 뒤로
지나간 몇몇 새 떼도 전부 까마귀였고, 우리는 갈대밭에 쌍안경의
초점을 맞추며 실망감을 잊으려 한다.

물웅덩이 가장자리에 파수꾼처럼 서 있던 작은 해오라기
한 마리가 구부러진 두 날개를 치켜든다. 해오라기를 목격할 때면
잿빛 왜가리를 볼 때와 비슷한 짜릿함이 느껴진다. 이 종류의
새들이 지닌 윤곽선에는 태초의 익룡을 연상시키는 무언가가
있다. 공중에서 그들은 캔틸레버식 날개✢를 단 것처럼 뻣뻣하게
움직인다. 줄을 잡아당기면 날갯짓을 하는 나무로 만든 새 인형을

✢   비행기 동체에 직접 부착한 날개.

보는 듯하다.

여전히 하늘에는 찌르레기가 한 마리도 보이지 않지만,
우리는 패배를 인정하지 않는다. 소규모의 되새 무리가 공중제비를
돌며 갈대밭 위로 지나간다. 하지만 황혼이 내려서 이제는 우리 둘
다 새들이 어디에 있는지 볼 수 없다. 하늘은 더욱더 짙은 장밋빛과
복숭앗빛을 띠고 해오라기가 서 있는 웅덩이가 그 빛을 반사한다.
몇 분 동안 눈앞에 너무도 아름다운 광경이 펼쳐진다. 우리는
토양의 치유 효과와 떼까마귀가 주는 즐거움에 관해 얘기하며
변화하는 하늘색을 지켜본다. 반짝이던 석양이 스러지고 빛이
서서히 흐려질 무렵 우리는 결국 찌르레기 떼가 오지 않으리라는
걸 깨닫고 모래언덕을 되짚어 마을로 돌아간다. 우리가 보려고
했던 요동치는 거대한 새 떼는 보지 못했지만, 그래도 오기를
잘했다는 생각이 든다. 친구와 함께 해변에서 보낸 시간이 기운을
북돋아 준 덕분에 이후로 며칠 동안은 한결 기분이 나아진다.

1월이 끝날 무렵 나는 한 떼의 올빼미를 목격하게 된다.
12월에 새매가 그랬듯 올빼미도 1월 마지막 주에 연달아 내 앞에
나타나기로 합의한 모양이다. 어느 날 저녁 아이들이 잠자리에

든 후 나는 또다시 불안에 시달린다. 봄은 여전히 아득히 멀게만
느껴진다. 나는 평소처럼 듈링햄 방향으로 차를 몰면서 잡념을
쫓고, 따뜻한 차 안의 어둠 속에 틀어박혀 안도감을 느껴보려 한다.

    헤이브릴 쪽으로 좌회전하자 눈앞에 전원 풍경이 펼쳐진다.
도로 왼편의 널따란 들판 가장자리로 돼지풀 이삭과 플라타너스
묘목이 줄지어 서 있다. 도로 오른편으로는 울타리가 방목지를
에워싸고 있는데, 차를 몰고 가다 보니 익숙한 울타리의 윤곽선이
살짝 달라진 것이 보인다. 울타리 말뚝의 규칙적인 배열에
거무스름한 두 개의 형체가 더해져 있다. 나는 다음번 농장
진입로에서 차를 돌려 그림자의 정체를 확인하러 간다. 울타리
위에 파수꾼처럼 도사리고 있는 금눈쇠올빼미 두 마리를 보자
가슴이 두근거린다. 올빼미들은 차가 접근하자 날아올라 서로
겹쳐지는 곡선을 그리며 움직이다가 잠시 후에 원래 자리로
돌아온다. 올빼미가 날아다니는 모습은 바다오리나 메추라기가
그렇듯 야단스럽기 짝이 없다. 대기권 밖으로 나갈 때까지 결코
속도를 늦추지 않겠다는 듯 허둥지둥 서두르는 모양새가 차 안을
들여다볼 때의 찌푸린 표정만큼이나 우스꽝스럽다. 금눈쇠올빼미의
눈썹 깃털은 찌푸린 채로 영원히 굳어버린 것처럼 보인다.

    며칠 뒤 나는 방과 후 활동을 마친 막내딸을 데려오려고
이웃 마을로 차를 몬다. 동네 농산물 가게 옆에 한 줄로 늘어선

어린 피나무를 지나치는데 가면올빼미 한 마리가 나뭇가지에 앉아
풀밭을 내려다보고 있다. 해는 거의 지고 어둠이 내리는 참이다.
올빼미의 희뿌연 형체가 마치 밝은 하늘을 배경으로 검은 올빼미를
찍은 음화 사진처럼 보인다.

　　내가 알기로 이 올빼미의 보금자리는 겨우 몇 미터 떨어진
농장 단지의 헛간이다. 지난 7월 꽃을 사러 그곳의 작은 무인점포에
들렀는데 헛간의 부식된 양철 벽에서 귀에 거슬리는 쉭쉭 소리가
들려왔다. 내가 서 있던 안뜰 뒤로 무언가 휙 움직이는 것이
보이더니, 대문 쪽으로 걸어가는 사이에 헛간 처마 바로 아래의
구멍으로 가면올빼미가 쑥 날아 들어갔다. 농장이 자리 잡고
있는 두 마을 사이의 땅은 휴한지와 오래된 자생 목초지가 뒤섞여
있어서 가면올빼미가 살기에 좋을 것이다. 가면올빼미 서식지가
있다는 건 그곳 들판에 생쥐와 들쥐가 충분히 있다는 뜻이므로
좋은 일이다. 이 지역에서는 올빼미를 비교적 자주 목격할 수
있지만 나는 올빼미를 보는 게 절대로 지겹거나 당연하게
느껴지지 않는다.

　　그다음 주에 나는 서픽 해변으로 떠난다. 며칠
동안 유제품 보관소를 개조한 작은 공간을 보금자리로
삼을 예정이다. 부모 노릇에서 벗어나 글을
쓰고, 해변에서 더 많은 시간을 보낼 것이다.

시턴그린*Sibton Green*에서 길모퉁이를 돌 때 차 전조등 불빛이
산울타리를 훑으면서 잘 다듬어진 쥐똥나무 위에 앉은 올빼미의
모습을 비춘다. 뒤따라오는 차가 없어서 나는 잠시 가던 길을
멈춘다. 불빛이 똑바로 비치는데도 새는 까딱하지 않고 자리를
지킨다. 악의 어린 눈빛으로 차를 흘끗 쳐다보더니, 이 빛이 나오는
곳에 관해 모조리 알아내겠다는 듯 머리를 이리저리 굴린다.
떡갈나무 껍질 같은 가슴 깃털 무늬는 낮 동안 숲속에 앉아 있어도
눈에 띄지 않게 해주는 좋은 위장 수단이다. 부리 양옆에 있는
콧수염 모양의 연회색 깃털이 건방진 느낌을 더해준다.

　　나는 어린 시절 잠자리에서 《다람쥐 넛킨 이야기*The Tale of*
Squirrel Nutkin》를 들은 이후로 줄곧 올빼미를 무서워했다. 뻔뻔스러운
주인공 다람쥐가 올빼미 브라운 영감의 눈앞을 활보하며 놀려대고,
인내심이 한계에 다다른 브라운 영감은 조각상처럼 침착하던
태도를 잃고 양쪽 발톱으로 넛킨을 낚아채 땅에 내리꽂는다. 이
장면을 묘사한 비어트릭스 포터*Beatrix Potter*의 삽화는 분노하여
살기를 띤 브라운 영감을 보여준다. 넛킨은 간신히 탈출에
성공하지만, 이 삽화와 이야기는 항상 무시무시하게 느껴진다.
아마도 자연이 매혹적인 동시에 잔인할 수 있다는 사실을 처음으로
깨달았기 때문이 아닐까. 산울타리에 앉아 있는 올빼미를 보니
어린 시절 브라운 영감에게 느꼈던 공포가 떠오른다. 세상은

올빼미

잔혹한 곳일 수 있다는
최초의 불안한 예감도.
　올빼미 깃털은
무척 부드러워 보여서
나도 모르게 손을 뻗어
만지고 싶어진다. 온기를
보존해주는 촘촘한 깃털은
먹이를 활발하게 찾기보다는 앉아서
기다리는 성향의 사냥꾼에게 필수적이다. 가장 바깥쪽
날개깃에는 빗살 같은 술 모양 테두리가 있는데, 이는
공기의 흐름을 끊어 올빼미가 먹이를 덮칠 때 날갯짓 소리를
없애준다. 올빼미는 정면을 향한 부리부리한 눈 때문에 현자를
상징하는 동물이 되었지만, 사실 올빼미의 눈이 그렇게 생긴
것은 망막에 최대한 많은 빛 입자를 받아들여 잠복할 때 조명
구실을 하고 먹이를 좀 더 쉽게 포착하기 위해서다. 인간에게 가장
매력적인 올빼미의 특징은 소형 포유동물을 효율적으로 사냥하기
위해 진화했다는 이야기다. 눈앞의 산울타리에 앉아 있던 올빼미는
마침내 자리를 뜨기로 했는지, 밤색과 초콜릿색 줄무늬가 있는 두
날개를 펴더니 모습을 감춘다.

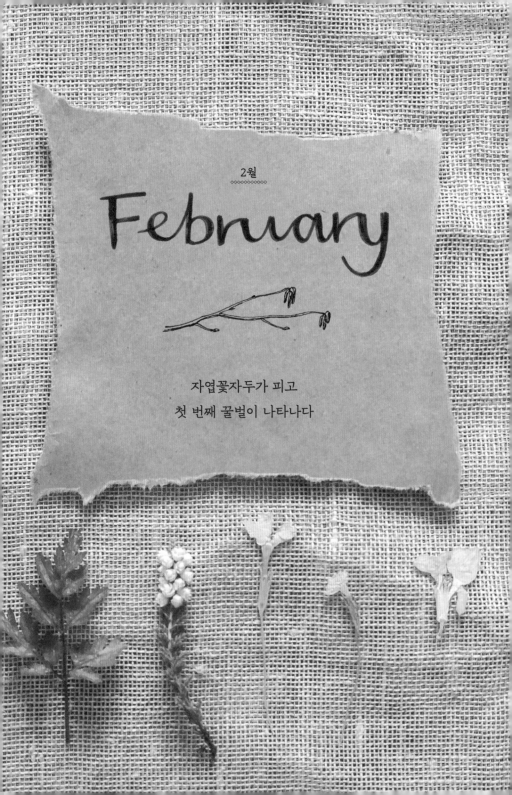

2월

February

자엽꽃자두가 피고
첫 번째 꿀벌이 나타나다

새해 이후의 날씨가 작년 이맘때보다 추운 탓에 식물 달력에도
변동이 생긴다. 식물에 내장된 분자 시계가 늦춰지면서 잎의
생장과 꽃봉오리의 발현도 정체 상태로 접어든다. 펜랜드 교외에
살게 된 이후 한 해는 내게 꽃들의 연속체로 인식된다. 2월에
바곳과 스노드롭으로 시작하여 시간의 흐름을 따라 연달아 꽃을
피우는 식물들의 컨베이어 벨트 말이다. 올해는 내게 익숙한
야생화들의 릴레이 경주가 좀처럼 시작되지 않는다. 낮은 기온으로
인해 출발 신호가 지연되자 나는 초조해서 안달하다가, 결국
계절이 바뀌고 있다는 신호를 직접 찾아 나서기로 한다.

　　꽃망울을 맺으려던 스노드롭은 일시정지 버튼을 누른 듯
한동안 그 상태에 머물렀지만 결국엔 봉오리를 열기 시작한다.
내가 지난달에 이웃집 마당에서 목격했던 새순이 가장 먼저
꽃을 피운다. 블루벨보다 키가 큰 대형 품종으로, 종 모양의 흰

꽃송이는 구미 베어만 하다. 애니와 함께 늘 걷던 길을
걷다가 스노드롭꽃을 목격하자 머릿속에 정말로 반가운
효과가 일어난다. 그 꽃들을 본 게 얼마나 기쁜지 나는
거의 눈물을 흘릴 뻔했다. 며칠 뒤에는 엑스닝*Exning*의
슈퍼마켓에 장을 보러 가다가 길가에 무더기로 핀 흰
꽃을 발견한다. 스노드롭 수백 송이가 만발하여 근사한
광경을 이루고 있다. 갓 빨아 넌 리넨이 식물로 변신한
것처럼 상쾌하고도 깨끗한 모습이다. 나는 근처에 차를
세우고 스노드롭 사진을 찍는다. 이 엄청나게 거대한
꽃 무더기에 흥분하고, 뚜렷한 계절 변화의 신호에
안도감을 느끼며 즐거워한다.

오두막집 근처에 가장 먼저 피어난 꽃을 보는
것은 가장 먼저 도착한 제비를 보는 것만큼이나 기운을
북돋워 준다. 숲속을 걷는 동안 등을 따뜻하게 데워주는
햇볕, 마늘냉이 위로 팔랑팔랑 날아다니는 주황색
꼬리의 나비, 들판과 길 가장자리에 섬세한 레이스
깃을 두르는 사양채꽃처럼 정말로 봄이 다가오고
있음을 확인해주는 신호이기 때문이다. 이런 미세한
표지들이 정말로 큰 격려가 되기 때문에, 해마다 나는
크리스마스 아침에 일어나 눈이 휘둥그레진 아이처럼

→   엑스닝의 도로변에 피어난 스노드롭.

안절부절못하며 그것들을 찾아 나선다. 이곳 펜스 변두리에서는
항상 자엽꽃자두*wild cherry plum*가 가장 먼저 꽃을 피운다. 섬세하게
피었다가 금세 지는 꽃은 가시자두꽃보다 조금 더 큰데, 새로 자란
가느다란 녹색 줄기 끝에 피어서 쉽게 찾아낼 수 있다.

나는 버웰*Burwell*에서 엑스닝 방향의 조용한 뒷길로 차를
몬다. 그 황무지에서는 가끔 산토끼가 보이기도 한다. 길가를 따라
잘 관리된 작은 숲이 수백 미터 펼쳐지다가 펜랜드 특유의 탁 트인
들판과 산울타리로 이어진다. 나는 산토끼를 볼지도 모른다는
생각에 천천히 차를 몰다가 숲이 끝나고 산길과 새로 경작된
밭이 시작되는 곳에서 무언가 은근하게 반짝이는 것, 주변보다
살짝 밝은 지점을 발견한다. 아마도 나뭇가지에 걸린 쓰레기거나
산울타리 사이로 보이는 늦겨울 하늘 조각이겠지. 나는 차를
세우고, 그곳에서 올해의 첫 번째 꽃을 목격한다. 자엽꽃자두 가지
몇 개를 간신히 장식한 작고 섬세한 흰 꽃송이들을.

중국과 일본에서는 일찍 피어나는 매화를 숭상한다. 사방이
한겨울이고 땅이 눈에 덮여 있을 때 봉오리를 맺어 꽃을 피우기
때문이다. 하지만 매화는 봄의 임박을 알리는 신호이기도 하니
교차하는 두 계절을 동시에 상징하는 꽃인 셈이다. 일본인은
매화를 어찌나 중요하게 여겼는지 고대 문학과 회화에 등장시켰을
뿐만 아니라 쌀 반죽으로 꽃 모양을 본뜬 특별한 과자를 만들고,

그 나무 열매인 매실은 하이쿠와 같은 시가에서 봄을 나타내는
계절어로 삼았다. 또한 설중매雪中梅는 악을 막아주는 부적으로
간주하여 사악한 힘이 침투하는 방향으로 알려진 정원의 북동쪽에
심곤 했다. 사랑받는 회화 주제이자 감상 대상이었던 동양
매화나무의 사촌뻘인 영국의 자엽꽃자두는 훨씬 더 작은 꽃송이를
피운다. 황량한 펜랜드 벌판 가장자리를 따라 피어나서 아주 작은
목소리로 곧 날씨가 따뜻해질 거라고 예고하는 이 꽃을 나 말고
다른 누군가가 목격하기는 했을지 궁금하다. 집으로 돌아와서 나는
그 소소하지만 중요한 광경을 연필 스케치로 남겨둔다.

자엽꽃자두

의식 저변에서 골치 아픈 상념들이 비구름처럼 요동친다.
나의 뇌에는 자연경관이 주는 위로가 필요하다. 나는 치유 효과를
기대하며 차를 몰고 밖으로 나선다. 이런 드라이브를 할 때면 흔히
창문을 활짝 열어놓는데 차가운 공기가 감각을 생생히 일깨워
우울함에서 벗어나게 해주기 때문이다. 듈링햄을 지나서는 낯선
경로로 차를 몬다. 구불구불한 도로를 따라 높이 자란 산울타리가
통로를 이루고, 마침내 눈앞이 활짝 트이자 흐린 잿빛과 갈색,
겨울철의 맥 빠진 녹색으로 이루어진 풍경이 펼쳐진다. 마치
거칠고 해진 군복을 꿰매어 만든 조각보 같다. 기운을 북돋워
줄 광경은 좀처럼 보이지 않지만, 그래도 봄이 오기만 기다리며
오두막집 안에 웅크리고 있는 것보다는 낫다.

해가 질 때까지는 한 시간이 남았다. 차를 모는 동안
구름이 흩어지고 찌르레기알처럼 은은한 광택이 도는 푸른 하늘이
드러난다. 해가 지평선을 향하면서 겨울 햇살이 내가 지나는
산울타리 통로의 천장을 뚫고 기둥처럼 수직으로 떨어져 내린다.
나는 부드럽게 흘러가는 자연경관을 즐기며 서쪽 방향으로
나아간다. 칼턴그린*Carlton Green*을 통과하는 주도로를 따라
17, 18세기에 지어진 파스텔 색조의 오두막 한 무더기를 지나치고,
마침내 마을 중심부에 이른다.

교차로 표지판 옆에서 나는 근사한 광경을 발견한다. 키가

나만 한 아티초크 덤불이 겨울 하늘을 배경으로 검은 윤곽선을
드러내고 있다. 줄기 끝에 달린 이삭마다 무시무시한 가시가 돋친
모습이 중세의 무기를 연상케 한다. 엉겅퀴 잎처럼 삐죽삐죽하고
거대한 잎사귀는 백조의 날개처럼 아래로 구부러져 주위 풀밭에
닿아 있다. 이 아티초크는 누군가 심어서 가꾼 것이니까 야생의
풍경은 아니다. 하지만 장엄한 크기와 하늘을 배경으로 드러난
극적인 형태, 그리고 그 뒤로 펼쳐진 비탈진 농지와 삼림 때문에

↑　　서퍽의 칼턴그린에서 발견한 아티초크 이삭들.

마치 작은 꼬리풀 한 줄기, 금속 공예처럼 섬세하게 서리가 내린
낙엽, 헌스탠턴*Hunstanton* 벼랑에 둥지를 튼 풀머갈매기를 보았을
때와 같은 흥분을 자아낸다. 지금 이 순간 느껴지는 감정이
너무도 감사해서 나는 차를 세우고 한동안 아티초크를 바라본다.
분명 가장 견뎌내기 어려운 시기가 될 남은 겨울 동안 꺼내 보고
기억하기 위해 사진도 찍어둔다.

　　내가 이 새로운 경로를 좇는 동안 해는 점점 더 낮게
떨어진다. 가장 먼 하늘 끝자락은 아직도 새파랗다. 저 지점부터
석양까지 자오선을 따라 직선을 긋는다면 짙은 남색에서
복숭앗빛으로 이어지는 지극히 절묘한 그러데이션이 만들어질
것이다. 구름 하나 없는 푸른빛과 황금빛 하늘을 배경으로
나뭇가지와 이파리, 울타리 말뚝 하나하나가 검고 뚜렷한 형체를
드러낸다. 도로 오른편의 들판 가장자리에는 도깨비산토끼꽃*teasel*이
한 줄로 피어 있다. 어쩌면 수백 송이, 수천 송이도 더 될 것
같다. 자코메티*Giacometti*의 길쭉하고 불안한 인간 조각상들이 무리
지어 서 있는 듯한 모습이다. 도깨비산토끼꽃 씨앗은 겨울 동안
오색방울새*goldfinche*가 가장 선호하는 먹이이니, 이렇게 큰 이삭
무더기는 그들에게 대형 슈퍼마켓과 같을 것이다. 문득 정말로
오색방울새들이 낮 동안 저곳에 모여드는지 궁금해진 나는
돌아가서 확인해보기로 마음먹는다.

가면올빼미

길모퉁이를 도니 왼쪽 도로변에서 천천히 날아가는 가면올빼미 한 마리가 보인다. 나는 녀석을 보려고 차를 세운다. 한동안 하늘을 맴돌던 녀석이 긴 풀줄기 사이로 급강하한다. 나는 방금 목격한 광경에 매혹된 채 가만히 멈춰있다가, 잠시 후에야 내가 숨을 죽이고 있다는 사실을 깨닫는다. 바로 그때 풀 속에서 가면올빼미가 날아오른다. 내 차에서 겨우 몇 미터 떨어진 곳이다.

가면올빼미는 차를 무시하고 도로 위를 낮게 날아 건너편 들판에 내려앉는다. 녀석이 지나갈 때 발톱에 쥐어진 작은 회색의 몸체와 짤막한 꼬리가 눈에 들어온다. 들쥐다. 나는 차를 돌려서 올빼미가 내려앉은 들판 가까이에 있는 널따란 갓길로 달려간다. 산울타리로 가려진 풀밭에 올빼미가 어깨를 수그리고 앉아 있다. 아마도 은밀한 장소를 골라 식사를 즐기고 있나 보다. 해가 지평선에 가 닿는 동안 올빼미는 먹이를 물어뜯고, 나무와 산울타리에는 황금빛 후광이 내려앉는다. 평생 목격한 것 중에서도 손꼽게 아름다운 풍경이다. 새삼 내가 얼마나 우울증에 지치든, 얼마나 기만당하고 무기력해지고 황폐해지든 간에 이런 광경과 만나고, 그에 따른 치유 효과로 머리를 채울 수만 있다면 계속 싸워나갈 가치가 있다는 생각이 든다.

이곳에서 들쥐를 사냥하고 들판에 앉아 배를 채우는 가면올빼미를 본 사람은 나 말고 아무도 없다. 녀석은 겨우 몇 초 만에 사냥을 마쳤고 산울타리 뒤로 내려앉아 배를 채우자마자 흰 날개를 펴고 멀리 날아갔다. 너무도 짧았지만, 내가 그 순간을 목격했다는 것이 무한한 영광처럼 느껴진다. 저 올빼미는 우리 집에서 겨우 700~800미터 떨어진 곳에 산다. 그러니 분명 매일 이 근처에서 먹이를 잡겠지만, 올빼미가 사냥에 성공하는 장면을 눈앞에서 본 것은 어린 시절 펨브로크셔*Pembrokeshire*에서 양동이에

채워둔 바닷물을 들이마시려고 껍질을 뻐끔거리던 따개비*barnacle*를
봤을 때와 같은 전율을 준다.

　　한 주 한 주 3월에 가까워지면서 태양과 북반구의 위치에도
변화가 일어난다. 날마다 일조량이 조금씩 늘고 평균 기온도
미세하게 올라간다. 식물 내부의 효소가 활성화되면서 여러
종이 세포분열을 시작한다. 생장의 계절이 시작된 것이다. 2월이
깊어지자 너도밤나무 꽃눈이 올라오고, 앵초꽃이 피고, 지난 넉
달간 나에게 큰 힘이 되어준 뱀도랏 새싹이 커지면서 새로운
배아가 나온다. 가시자두 잔가지에 맺힌 꽃망울 뭉치는 어찌나
자그마한지 하나하나가 겨우 핀 끝만 하다. 나는 애니와 함께
익숙한 산책로를 걷다가 꽃들을 살펴보려고 발길을 멈춘다.
머릿속에 은근한 기쁨이 구름처럼 퍼져 나간다. 은근하다고 한
것은 내가 겨울을 완전히 빠져나오지 못했기 때문이다. 온전한
봄은 아직 이곳에 오지 않았다.
　　하지만 나는 겨울에서 봄으로 계절의 전환을 알리는
식물학적 지표 하나가 곧 나타나리라는 걸 안다. 그 징후를
찾아내는 일은 나에게 무척 중요하다. 계절이 변했으며 나무

안에 수액이 흐르기 시작했다는 확고한 증거이기 때문이다. 이 사소해 보이는 변화는 지역의 벌들에게도 매우 중요한 풍경이다. 호랑버들*goat willow*과 키네레아버들 꽃은 봄을 맞아 새로운 왕국을 세울 장소를 찾는 호박벌 여왕과 4, 5월에 짝을 짓고 알을 낳기 위해 활력을 축적해야 하는 단생벌✣에게 가장 먼저 풍부한 꽃가루를 제공하는 식물이다. 두 종류 모두 보통 '버들강아지'라고 불리는데, 2월이면 볼 수 있는 이 버드나무 수꽃들이 고운 잿빛 털로 덮인 강아지처럼 보송보송하여 아이들에게 사랑받기 때문이다.

나는 외투, 숄, 장갑과 부츠로 무장하고 마을을 벗어나 펜스 변두리까지 걸어간다. 부식된 양철로 지어진 거대한 사료 창고 뒤에는 산사나무, 가시자두, 플라타너스, 화살나무, 그리고 내가 지금 보러 온 나무로 이루어진 산울타리가 있다. 거의 터브니*Tubney* 습지까지 왔을 때 올해 최초의 버들강아지가 눈에 들어온다. 수꽃 몇 송이가

버들강아지

✣ 군집 생활을 하지 않는 벌 종류의 총칭.

반들거리는 갈색 싹눈을 뚫고 간신히 솟아 나와 있다. 손가락
끝으로 하나를 더듬어본다. 꽃에 난 솜털이 어찌나 부드러운지
손가락 피부에 닿은 것이 공기인가 싶다. 강풍이 살을 엘 듯하고
무자비한 가랑비가 바람에 날려 얼굴로 비스듬히 떨어지지만,
바로 여기에 버들강아지가 있다. 주변이 온통 잿빛과 갈색, 칙칙한
녹색이고 추위가 뼛속까지 파고든다. 그럼에도 눈앞의 광경은
요크셔푸딩이 있는 로스트비프 만찬만큼이나 기운을 북돋워 준다.

앵초

정말이다. 겨울의 끝이 다가오고 있으며 진정한 봄을
알리는 첫 신호가 숲과 산울타리에 나타났다. 계절성정서장애가
내 뇌세포 사이에서 끈질긴 좀비처럼 다리를 질질 끌고 신음하며

머릿속을 할퀴던 지난 넉 달 동안, 나는 초목과 야생동물 사이에서 시간을 보내며 그놈을 피할 수 있었다. 나는 해변과 습지, 숲과 초원을 찾아다니며 의기양양한 찌르레기 떼와 갈퀴덩굴 새싹의 풋풋한 신록으로 눈과 마음을 가득 채웠다. 날씨를 가리지 않고 산책에 나섰으며, 그렇게 옮긴 걸음 하나하나가 미세하게 뇌 내의 화학작용을 조절하여 내가 겨울을 버틸 수 있게 해주었다. 때로는 무기력을 쫓기 위해 몸을 씻고 옷과 신발을 걸치고 밖으로 나가는 단순한 일조차 태산을 오르는 것처럼 느껴졌다. 하지만 최소한 산기슭에 머무르며 작업하고 글을 쓰며 무엇보다도 부모 노릇을 해낼 수 있었다.

우울증을 제어하려면 꾸준한 경계가 필요하다. 자연 속에서의 산책, 창의적으로 보내는 시간, 그리고 홀로 있을 때 곁을 지켜줄 호박색 털북숭이 친구라는 방어용 무기를 갖춘 일상적 전투 말이다. 일거리가 평소보다 부담스럽게 느껴지고 가정사의 스트레스가 쌓여 나쁜 기운이 엄습할 때면 균형이 흔들릴 수 있다. 야외 활동의 유익한 효과가 사라지고, 우울증의 가차 없는 절망이 더욱 거세게 나를 훑는 것이다.

그런 시기가 오면 이 끈질기고 진 빠지는 병이 승산을 얻게 된다. 나는 우울증과 싸우느라 지치고 활력이 거의 소진된 상태다. 힘을 모으려면 따뜻한 나날과 펜랜드의 햇살이 필요하다.

2월이 끝나고 더 많은 자엽꽃자두가 피어날 무렵, 나는 작업
의뢰를 거절하고 더욱 오래 잠을 잔다. 자연물을 그리고 수집하고
사진으로 찍으려는 욕구도 썰물처럼 빠져나간다. 내가 하는 모든
일로부터 거리감이 느껴지기 시작한다. 내 우울증이 승세를 타는
것 같아서 두렵다.

↑   서퍽의 칼턴그린 근처에서 촬영한 도깨비산토끼꽃과 석양.

3월

March

산사나무잎이 돋고
가시자두꽃이 피다

3월 초에 나는 이번에야말로 1월에 멜과 함께 찾으러 갔던
새 떼를 보겠다고 다짐하며 서퍽으로 간다. 트위터를 보니
민스미어*Minsmere*에 4만 마리의 또 다른 찌르레기 떼가 나타나
가시덤불과 갈대밭에서 머물고 있단다. 보호구역에 도착하니
해가 질 때까지 한 시간도 안 남았고 가랑비가 끈질기게 떨어지는
하늘은 흐릿하고 어둑하다. 조짐이 좋지 않다. 나는 관광 안내소를
통과해서 보호구역을 가로질러 해안으로 향하는 오솔길로 나간다.
빗발은 아까보다 거세졌지만 갈대밭을 에워싼 오솔길 끝에 후드를
뒤집어쓰고 카메라를 꺼내든 사람들이 모여 있다. 분명 찌르레기를
보러 온 사람들일 것이다. 나는 무리에 합류하여 혹시 새 떼를
보았느냐고 물어본다. 후드 안에서 시무룩한 얼굴들이 나를
돌아보더니 일제히 고개를 젓는다. "매일 밤 오는 건 아니에요.
아예 안 올 수도 있어요."

우리는 희망을 품고 내륙 쪽을 바라보면서 잿빛 하늘 아래 비에 젖은 채 서 있다. 누군가 외친다. "저기 온다!" 하지만 그것은 비둘기 떼로 밝혀진다. 잘못된 경보였다. 수십 분이 더 지나간다. 초조함과 기대감이 뒤섞인 분위기가 흐른다. 그때 뒤쪽의 비구름보다 아주 조금 더 짙은 조그맣고 흐릿한 형체가 숲 위로 나타난다. 그것이 해안에 가까워질 무렵 하늘의 다른 지점에서 잿빛 리본 같은 것이 어른거리며 나타나더니 갈대밭을 향해 꾸물꾸물 다가온다. "바로 **저거야**. 이제 왔네." 내 옆에 서 있던 사람이 말한다.

나무보다 한참 위 하늘에서 각각 다른 형태로 꿈틀거리는 작은 새 떼가 몇 무리 더 날아온다. 순식간에 머리 위로 온통 찌르레기들이 날아다니고, 우리는 목을 한껏 뒤로 젖혀 새들을 바라본다. 새 떼가 가까이 다가오자 나도 수천 마리 새들의 동료가 되어 함께 솟구치고 떼 지어 날아다니는 것만 같다. 아찔하고 어지러운 기분이다. 런던에 살던 이십 대 시절 술을 많이 마시고 나서 귀가하던 때와 비슷하다. 전철 안에서 눈을 꼭 감고 있으면 열차가 중력을 거부하며 위로 솟아오르는 듯했다. 공중제비를 돌며 선회하는 새들에게 둘러싸여 있으니 그때만큼이나 어질어질하다.

형태를 바꾸며 계속 움직이는 새 떼를 바라보고 있으니 머릿속에 온갖 이미지가 떠오른다. 거대한 새 떼 하나가 바다를

향해 나아가다 문득 방향을 틀더니 점박이 무늬의 아치를 이루며
내륙으로 돌아온다. 마치 채널이 제대로 안 맞춰져 지직거리는
텔레비전 화면 같다. 이제 수천 마리에 이르는 찌르레기는
여기저기서 무리를 지어 접시에 떨어진 수은 방울처럼 움직인다.
작은 무리로 모였다가 흩어지고 또다시 서로 합쳐진다. 하늘
여기저기서 벌 떼처럼 촘촘하게 뭉쳐 드는가 하면 다른 곳에서는
나무 위로 길게 줄지어 굽이치며 날아간다.

　　그때 시야에 검은 윤곽선이 슬쩍 스쳐 간다. 찌르레기
떼의 가장자리에 좀 더 큰 새 한 마리가 섞여 있다. 처음에는
새매일 거라고 생각했지만, 쌍안경으로 자세히 보니 공중을
선회하는 낫 모양의 날개가 보인다. 혹시? 그렇다. 송골매다.
지금까지 송골매를 본 건 1991년에 현장 탐사를 하러 갔을 때 딱
한 번이었다. 붉은부리까마귀와 바다오리가 파도를 타고 떠다니는
스코머*Skomer*섬의 벼랑 위로 송골매 한 마리가 날고 있었다. 지금
이 송골매는 그때보다 훨씬 더 가까이 있고 사냥을 시도하려는
참이다. 브리스톨대학교의 연구 결과에 따르면 포식자가 찌르레기
사이에 끼어들어 사냥하는 경우, 새 떼가 더욱 크고 촘촘해진다고
한다. 아마 포식자를 교란하기 위해서인 것으로 추측된다.
송골매의 존재에 위기감을 느낀 새들이 더욱 현란하고 복잡하게
움직이는 것이다.

새 떼 자체도 장관이고 경이로운 광경이지만, 그들 사이에서
먹잇감을 찾는 송골매의 모습은 내게 더욱 또렷한 인상을 남긴다.
겨우내 무거운 생각에 짓눌려 심신을 까딱하지 못했던 내게 춤추는
찌르레기 수만 마리 사이에서 먹이를 사냥하는 맹금을 바라본
장대하고 야성적인 몇 분의 시간은 머릿속의 암담함을 몰아내고
한숨 돌릴 여유를 준다.

이제 첫 번째 춤사위는 끝난 모양이다. 자기들끼리만 아는
어떤 신호를 들은 것처럼 각각의 찌르레기 떼가 하나로 모여
율동하는 거대한 형상을 이룬다. 좀 더 작은 무리도 곤두박질치듯
한꺼번에 중심 무리로 합류한다. 순식간에 새들의 폭포가 군집
한가운데로 떨어져 내리면서 아래쪽의 개체 수가 더욱 불어난다.
수만 마리의 새들이 살아 있는 액체처럼 움직인다. 이 놀라운
행위에 얼마나 정밀하고도 복잡한 수학적 계산과 의사소통이
필요할지 생각만 해도 아찔하다.

이제 새 떼는 엄청나게 거대해졌다. 새 떼의 흐름이
요동치는 나뭇가지처럼 뻗어 나오고, 각자의 비행경로에 반응하며
가장자리로부터 돌출하여 떨어져 나왔다가 다시 멀어져 간다.
마치 공중을 기어 다니는 아메바 같다. 한순간 달리의 그림 속
시계처럼 녹아 흐르는 형상이 되었다가 다음 순간에는 다족류
곤충처럼 똬리를 튼다. 그러는 내내 4만 마리 전체가 한 몸처럼

민스미어 보호구역의 찌르레기 떼.

움직인다. 비구름을 배경으로 검은 윤곽선을 그리는 새 떼의
한가운데를 가로지르며 까만 파도가 일어난다. 촘촘한 검은 이랑이
새 떼 전체를 관통하며 움직이는 동안 내 뇌에서도 조용한 활기가
물거품처럼 일어난다.

아직은 어설프고 억눌린 감정이지만, 그 속에는 분명 일말의
환희가 있다. 이렇게나 압도적인 자연 풍경을 지난 늦여름이나
초가을에 봤다면 나는 더욱 강렬하게 반응했을 것이고, 그 인상도
나의 의식과 무의식에 더 깊게 각인되었으리라. 11월 이후 뇌세포
속에서 점점 더 두껍고 흐릿해진 무기력의 장막은 거대한 벽을
이루어 긍정적인 경험조차도 차단한다. 찌르레기들의 비현실적으로
아름다운 춤 앞에서 나는 한순간 암흑과의 단절을 만끽했지만,
이젠 그것도 끝났다. 하늘은 컴컴해지고 찌르레기들은 보금자리에
내려앉았다. 나는 감사한 마음을 느끼며 생각에 잠기지만 왜인지
머릿속이 몽롱하다. 내가 기어이 새 떼를 찾아왔다는 것이 기쁘고
조금 전의 광경이 평생을 통틀어 특별히 인상적인 기억 중 하나로
남으리라는 것을 안다. 하지만 그 감흥은 지속되지 않는다.

찌르레기 떼를 보며 느낀 경이에도 불구하고, 집에 돌아올

무렵엔 겨우내 날 지탱해주던 정신력의 마지막 흔적마저 사라져
버린다. 지난 다섯 달간 병증을 물리치는 데 필요했던 매일의
끊임없는 노고와 일조량 부족이 대가를 요구한다.

뇌 내의 화학작용이 현저하게 균형을 잃고, 긍정적 사고의
허약한 바닥이 무너진다. 나는 우울증의 가파르고 매끄러운 벽을
따라 깊디깊은 우물로 곤두박질친다. 자엽꽃자두가 만발하고
가시자두꽃이 피어나지만 나는 봄의 신호들을 알아차리지 못한다.
내가 10월 이후 그토록 고대해온 자연의 변화가 시작되었건만,
지금의 나는 가파른 우물 벽에서 나를 끌어올려 줄 아주 작은
발판을 찾을 힘도 낼 수 없다.

몸을 움직이려면 어마어마한 정신력이 필요하다.
하루 일정이 1월에는 '기사 마감하기, 앵초 사진 찍기, 작품
전시하기'였다면 3월에는 '몸 씻기, 아침 먹기, 이 닦기'가 된다.
이런 사소한 일들이 내가 할 수 있는 일의 전부이며 어떤 날은
그런 일조차 하나도 해내지 못한다. 뇌 내의 화학적 변화가 나를
끌어내려 꼼짝 못 하게 짓누른다.

던지니스의 자갈밭에서 습기가 빠져나가듯 모든 일에서
즐거움이 사라진다. 튀긴 음식도 입맛을 돋우지 못한다. 심지어
내가 그토록 사랑하는 짭짤하고 감칠맛 나는 치즈도 예전처럼 모든
것을 잊게 하는 강렬하고 맛깔스러운 만족감을 끌어내지 못한다.

끈끈하고 공허한 감촉뿐 아무런 맛도 느껴지지 않는다. 나는 소금과
식초를 잔뜩 뿌린 감자칩과 시큼한 귤을 먹는다. 상태가 온전할
때 맛있는 것을 먹으면 신경전달물질과 전기신호의 칵테일로
짜릿한 자극을 일으켜주던 뇌의 일부분을 되살려보려고 한다.
하지만 강렬한 맛에도 내 뇌는 죽은 듯이 잠잠하다. 먹는 즐거움이
사라져버렸다. 곱고 부드러운 털실을 만져도 뻣뻣한 가죽이나
지푸라기처럼 느껴진다. 털실로 장갑과 목도리를 만들려는 평소의
욕구, 매끄러운 섬유와 반들반들한 코바늘의 감촉을 즐기며 두
손으로 한 땀 한 땀 패턴을 완성해 나가던 즐거움도 사라졌다.

우울증이 탐욕스러운 잿빛 민달팽이처럼 마음을 갉아먹을
때면 온몸의 반사신경과 감각이 잠들어버리는 것 같다. 뇌의 쾌락
중추가 제대로 작동하지 않아서 침울함은 더욱 깊어진다. 바삭한
감자칩의 맛과 살살 녹는 초콜릿 케이크가 주는 미각이 그립다.
쾌감을 느끼지 못하는 무쾌감증은 우울증의 주된 증상이다.
이런 결핍 상태에서는 나의 병증이 한층 교활하고 용의주도하게
느껴진다. 우울증은 식인종처럼 나를 뜯어먹으며 내게서 쾌감을
앗아가고, 더욱 강력하게 뇌를 움켜쥐고 통제한다.

우울증의 원인은 아직도 명확히 밝혀지지 않았다. 우울증과
자살 충동을 느끼는 환자는 세로토닌 대사가 고갈된 상태이며,
이에 대처하여 세로토닌 분비를 증가시키는 선택적세로토닌재흡수

억제제*Selective serotonin reuptake inhibitors, SSRI*가 처방된다. 이런 약은
대부분의 환자에게 효력이 있지만 우울증 환자 3분의 1에게는
효과가 전혀 없거나 미미하다. 이는 우울증 환자의 뇌에서
다른 종류의 생화학적 변화도 일어나고 있음을 암시한다. 예를
들어 기분 저하가 지속되는 동안에는 또 다른 신경전달물질인
노르에피네프린의 분비도 줄어드는데, 이 역시 일부는
세로토닌재흡수억제제로 끌어올릴 수 있다.

 확실한 것은 우울증에 아직 밝혀지지 않은 여러 생화학적
변화가 연계되어 있다는 점이다. 많은 경우 주된 요인은 스트레스
호르몬인 코르티솔 분비를 증가시키는 만성 스트레스로,
스트레스의 원인이 장기간 지속되면 우울증 발생 위험도 커진다.
최근 연구에 따르면 심지어 장 박테리아와 코르티솔 대사 과정도
우울증과 연관이 있을지 모른다고 한다. 호르몬과 신경화학,
생물군계에서 일어나는 이 같은 변화는 우울증의 메커니즘을
이해하는 단서이지만 조건변수가 지극히 복잡하기에 그 연관을 더
자세히 파악하려면 추가 연구가 필요하다.

 나의 세계는 좁아진다. 나는 오두막에 처박혀 이 방 저 방을
느릿느릿 오간다. 머릿속이 끈끈하게 뒤엉킨다. 그림과 사진, 글에
관한 아이디어도 증발해버린다. 나는 친구들을 피하고 그들의
초대도 거절한다. 날마다 가장 단순한 일과만을 처리할 수 있을

뿐이다. 집안일을 하지도, 작업에 몰두하지도, 부모 노릇을 제대로
하지도 못하는 무능함에서 오는 죄책감이 나를 짓누른다. 자책은
내 마음을 더욱 깊이 가라앉힌다.

처음엔 나도 애써본다. 침대에 누워서라도 최선을 다해
작업을 시도한다. 잠깐씩이나마 정신이 또렷해지면 글도 쓴다.
하지만 잠기운이 모든 것을 압도한다. 나는 도무지 깨어 있질
못하고 밤잠만으로는 모자라서 하루에도 서너 번씩 낮잠을
잔다. 기억이 흐릿해지고, 하루가 시작된 줄도 몰랐는데 이미
끝나버렸다는 걸 깨닫는 일이 종종 생긴다.

내 뇌에는 과거의 극히 고통스러운 기억을 저장해둔 부분이
있다. 열아홉 살 때 조부모님이 돌아가시면서 일어난 일들, 건강이
좋지 않아 수료하지 못했던 두 번째 학사 과정, 무척 불안하고
불행해 보였던 내 아기, 깨어진 엄마로서의 자신감과 그에 따라
상실된 관계, 가족구성원의 심각한 뇌 손상과 그 얘기를 꺼냈을
때 이웃이 보인 냉랭한 거부반응, 단절되어 이제는 복구 불가능한
특정 가족관계.

각 항목은 겨우 몇 마디 단어로 서술되었지만, 하나하나가
내 전두엽에 강철 덤불처럼 복잡하고도 고통스럽게 뒤얽혀 있다.
나는 각각의 기억에 최선을 다해서 대처했다. 상담 치료를 받고
항우울제의 치유 효과에도 기대보았다. 나는 고통의 이유를 열심히

찾아낸 후에 기억 하나하나를 마음속 상자에 단단히 쑤셔 넣었다.

　'아기가 불안해했던 건 그냥 세상에 반응하는 방식이 조금 달랐기 때문이야. 난 아무것도 잘못하지 않았어. 그 당시엔 내가 무언가 잘못했다고 확신해서 심각한 산후우울증에 시달렸지만 말이야', '뇌 손상은 그분과 주변 사람들의 인생을 바꿔놓긴 했지만 그저 끔찍한 사고였을 뿐이야. 이웃들은 그저 망가지고 기능하지 못하는 뇌에 관해 생각하기 싫었던 거야. 그러면 죽음이 연상되었을 테니까. 그래서 내가 그 얘길 꺼냈을 때 날 피한 거지', '그때 난 추방자가 된 기분이었어. 이웃들은 나에게 생명줄 같던 인간관계에서 나를 배제했고 나는 그들이 왜 그렇게 행동하는지 이해하기 위해 안간힘을 썼지. 하지만 어쩌면 그 사람들은 당시의 내가 어울리기에 최선의 상대가 아니었는지도 몰라'

　이제 나는 그 기억들 상당수와 화해했고 더는 나 자신을 탓하지 않는다. 하지만 그 날카롭고 쓰라린 기억을 담아 놓은 상자에는 보이지 않는 틈새, 확인할 수 없는 구멍이 있어서 이따금 그리로 새어 나온 기억이 내 생각을 물들이곤 한다. 겨울 날씨에 따른 햇빛 결핍이 그런 기억들과 중첩되고, 가족문제로 인한 아드레날린 증가와 만성 코르티솔 과다가 겹쳐지자 나는 더 이상 가시덤불 속에서 내 마음을 끄집어낼 수 없게 되었다. 크리스마스 전후로 한두 달간의 일조량 부족이 뇌 내의 화학작용을 변화시키고

기분을 가라앉혔다. 그리하여 3월이 된 지금 나는 침몰했고
머릿속의 상자들은 모두 활짝 열렸다. 마음속에서 비합리적이고
무의미하지만 도무지 가라앉을 줄 모르는 압도적인 자기혐오와
비판이 폭발한다. 그것은 우울증이 지닌 무기 중에서도 가장
치명적인 무기다.

　　모순적인 얘기지만 햇살과 생장을 약속하는 초봄이야말로
내게는 최악의 정신상태를 막아내기 가장 어려운 기간이다. 내
머리는 온갖 상념과 통렬한 자기 비난의 소용돌이에 휩쓸려 제대로
하지 못한 일, 충분히 잘 해내지 못한 일, 완전히 망쳐버린 일을
끊임없이 헤아린다. 내가 성취하지 못했던 일과 다른 사람들의
냉정한 태도가 파편적으로 떠오르며 이런 생각에 더욱 불을 붙인다.
'그들이 그렇게 행동한 건 나에게 무언가 문제가 있어서야', '난
아무것도 제대로 해내지 못했어', '난 아무짝에도 쓸모가 없어'.
그칠 줄 모르는 폭풍이 머릿속을 휘저으며 단 한마디의 선언을
위한 증거를 찾아다닌다. **'난 무가치한 인간이야.'** 그 소음은 참을
수 없을 만큼 요란하여 내 머릿속을 완전히 압도한다.

　　3월 중순부터 내 머릿속에 펼쳐진 사태를 설명하기에 '자살
사고'는 너무 온건한 의료 용어처럼 들린다. 그것은 병증의 중력이
저항할 수 없을 만큼 완강해지는 경계선, 즉 우울증의 블랙홀이다.
겨울 날씨가 뇌에 일으킨 화학적 변화와 피할 수 없는 지속적인

스트레스, 자초한 압박이 날 기진맥진하게 했다. 나를 파국으로
이끌어가는 우울증의 압력에 저항하려던 노력도 무의미해졌다. 내
마음은 우울증이 갈망하는 자기소멸을 향해 비틀비틀 나아간다.
나는 그것을 실행에 옮길 방법들을 생각한다. 그 생각이 어찌나
강렬한지, 일 년의 대부분을 절벽에서 멀리 떨어져 있게 해주던
이런저런 기분 전환 요령들도 떠오르지 않는다. 조그만 뗏목
하나에 의지해 나이아가라 폭포 꼭대기에 놓여 있는 기분이다.

　　11번 국도로 차를 몬다. 그곳에는 다리가 여럿 있다.
머릿속에 다리를 찾아가자는 생각만이 요란하게 울려댄다. '어느
다리가 가장 좋을까?', '어느 다리가 가장 높고 효율적일까?'
불쾌하고 끔찍한 소음이 퍼져 나간다. 그 소리가 어찌나 실감
나는지 정말로 두개골이 터져버릴 것만 같다. 마음속에서 나
자신을 끝내고 싶은 욕망이 왕왕거린다.

　　그렇게 차를 몰아가는데 문득 도로 중앙분리대에서 자라나는
조그만 묘목들이 눈에 들어온다. 눈앞을 스치는 푸른 잎사귀와
엔진의 규칙적인 진동이 내면의 참담한 소음을 가라앉힌다. 한동안
침묵을 지키고 있던 나의 온전한 부분, 자연 속에서 치유를 구하는
뇌의 일부분이 깨어난다. '넌 멀쩡한 상태가 아니야. 도움을
요청해.' 들릴 듯 말 듯 작은 목소리에 가만히 귀를 기울인다.
마음을 좀 더 가라앉히기 위해 잠시 11번 국도를 따라 달린다. 또

다른 나무들이 스쳐 지나간다.

　　　나무들……, 푸르름, 위로. 마음이 완전히 가라앉진
않았지만 파국을 향해 폭주하던 소란은 멈추었다. 차를 집으로
돌린다. 남편에게 내 상태가 얼마나 안 좋은지 이야기한다.
침대에 누워 영화를 보며 주의를 돌린다. 과거 배경의 시대물,
버슬⁺드레스와 프록코트, 깔끔하게 마무리되는 서사를 통해
현실로부터 도피한다. 남편이 내게 차를 끓여주고 몸에 좋은
음식을 가져다준다. 다음 날 아침 나는 의사를 찾아가 회복 계획을
짠다. 쉬고, 항우울제 복용량을 늘리고, 정신건강지원팀과 상담
약속을 잡을 것. 의사는 내게 끔찍한 생각이 너무 심할 때 머물
만한 장소의 번호를 건네준다. 그리하여 상념들이 나를 보내려고
했던 곳으로부터의 느리고도 힘겨운 탈출이 시작된다.

⁜　　19세기에 엉덩이를 불룩하게 보이기 위해 치마 밑에 붙이던 허리 받침.

4월

April

숲바람꽃이 만개하고
제비가 돌아오다

내 상황을 살펴보고서 애초에 내가 왜 우울증에 시달리는지
의아해하는 사람도 충분히 있을 법하다. 예쁜 오두막집, 결혼
생활과 두 아이, 그럭저럭 굴러가는 작은 사업. 모두 아주 잘된
일이고 나도 매우 감사하게 여기는 바다. 하지만 이 병은 내가 어떤
사람인지, 어떻게 사는지는 상관하지 않는다. 내 가족의 일상이
평탄하지 않다는 건 확실하다. 스트레스가 격심하고 엄청나게
지치며, 때로는 그저 살아가기 위해 끝없이 불길과 싸워야 하는
것만 같다. 지난 3년여간 온갖 고난들이 빠른 속도로 연달아
일어났다. 사고, 중병, 그에 따른 여파와 다른 사람들의 반응. 쉽지
않은 상황이 터질 때마다 검은 개는 신나게 앞발을 비비며 짐을
꾸렸고 2008년에는 결국 내 전두엽 안에 완전히 자리를 잡았다.
가끔 내가 유난히 지칠 때면 녀석은 거기서 성대한 파티를 열고
'급성 불안'과 '자살 사고' 같은 친구들을 초대해 춤판을 벌인다.

바로 그것이 지난달에 일어났던 일이다.

　3월에 내 뇌세포를 덮쳤던 특정한 상태는 치명적일 수 있다. 내가 우울증 증세를 보이며 스스로를 탓할 때는 이런 사실을 직시하는 편이 이롭다. 자살 충동을 느낄 때의 정신상태는 일반적인 우울증 상태에서 겪는 것과 확실히 다르다. 온갖 상념이 가파른 언덕길을 구르듯 빠르게 움직이고, 자기소멸을 향한 거세고 긴급한 욕망이 폭주를 부추긴다.

　자살 충동을 느낄 때의 뇌가 평소와 다르다는 증거자료도 존재한다. 감마아미노낙산*gamma Amino butyric acid, GABA*이라는 뇌 신경전달물질은 뉴런의 활동을 줄이는 작용을 한다. 자살 충동을 느끼는 환자의 뇌에서는 감마아미노낙산 수용체 중 하나의 수치가 낮아져서 그 제어 효과가 감소한다. 내가 3월에 겪었던 정신적 폭주와 붕괴, 부정적 사고와 딱 맞아떨어진다. 이런 생각들의 유해한 의도를 잠재울 방법을 찾기란 무척 어려운 일이다.

　자살 충동을 느끼는 뇌의 변화는 후성적인 것으로 여겨진다. 다시 말해서 개인의 주변 상황이 유전자발현 방식을 변화시키며 이를 통해 뉴런의 활동뿐만 아니라 감마아미노낙산 수용체의 작용과 활동에도 변화가 일어난다는 것이다. 감마아미노낙산에

초점을 맞춘 연구가 가장 격심한 우울
증상을 초래하는 메커니즘의 단서를
제공하긴 하지만, 자살 충동의 생화학적
원인은 아직 정확히 밝혀지지 않았다.

그로부터 몇 달이 흘렀고 나는 달라진
정신상태로 이 글을 쓰는 중이다. 기쁨에 겹다고는
할 수 없지만 그래도 나쁘진 않다. 나는 가벼운 위염에 걸린
딸을 돌본다. 딸은 내가 내준 간단한 만들기 놀이에 열중하고
있다. 나는 작업 중이다. 굴뚝새를 그리고 글을 쓴다. 식사를
하고 딸에게도 밥을 먹였다. 세탁기는 기분 좋게 윙윙 소리를
내며 돌아가고 있다. 정원 울타리에서 수컷 검은지빠귀가
노래하는 소리가 들린다. 주변의 새들에게 우리 정원이 자기
영역이라고 알리는 것이다.

검은지빠귀의 노랫소리를 들으며 나는…… 그렇다,
행복하다. 서정적이고 덧없는 그리운 노랫소리가 머릿속에 현란한
색의 불꽃을 터뜨린다. 모든 것이 평온하다. 이 글을 쓰는 지금
지난달에 묘사했던 암담한 상태는 끝났다. 나는 어마어마한
안도감을 느끼지만, 살아오면서 이미 몇 차례나 같은 상태에 빠진
적이 있다. 그것은 마치 흑요석 칼날처럼 음침하고 치명적이다.

4월이 시작되면서 우울증이 조금 걷히긴 했지만 3월에

검은지빠귀

뇌에서 일어났던 폭풍은 여전히 진행 중이다. 폭풍이 절정에
이르렀을 때는 전두엽의 모든 신경 말단이 활활 타오르는 것
같았다. 실제로 내 신경에서 소리가 나지 않는다는 것이 놀라울
정도였다. 머릿속의 뉴런들이 계속 천둥처럼 으르렁거려서
어떻게든 가라앉히고 싶었는데 말이다. 그것이 어떤 경험이었냐면,
소리 지르며 구토하는 아기 여섯 명을 동시에 돌보려고 애쓰는
동안 누군가 내 귓가에 부조리하고 끔찍한 말들을 속삭여대는 것
같았다고나 할까.

의사를 만난 뒤로 나는 하루의 대부분을 잠을 자면서 보낸다.
항우울제의 양을 늘린 것이 즉각적인 진정 작용을 발휘해서 나는

기진맥진한 상태다. 이번 우울증 소동으로 신경 말단이 소리 없는
맹렬한 불길에 그을리고, 뇌 회로가 녹아 일종의 폐쇄 상태에 빠진
듯하다. 어떤 종류의 기분 전환이든 내게 이롭겠지만 나의 활동
능력은 깜부기불 정도로 쪼그라들었다. 회복 중에는 바깥에 산책을
하러 나가는 것조차 불가능하다.

　　하지만 영화는 확실히 도움이 되고, 나는 4월 내내 〈루폴의
드래그 레이스*RuPaul's Drag Race*〉＊등장인물들이 화려한 스팽글
드레스를 입고 뽐내며 걷는 화면을 쳐다보며 지낸다. 부드럽고
고운 털실도 어느 정도는 다시 즐길 수 있게 되었다. 최근에 시작한
오두막집 공사로 한동안 난방 없이 지내게 되었기 때문에
나는 코바늘로 막내딸에게 줄 반장갑을 몇 켤레 뜬다.
반복적인 뜨개질 동작이 마음을 가라앉히고, 완성된
장갑을 낀 딸의 모습을 보니 은근한 성취감도 느껴진다.

　　가족과 살림살이에 도움이 되지 못한다는 무거운
죄책감에서 벗어나기 위해 친구 샬럿네 집에 가서
지내기도 한다. 주변 환경의 변화가
하루 이틀 정도는 도움이 되었지만,
다시 기분이 처지기 시작하자 집으로
돌아온다. 샬럿에게 기분이 최악일 때의
무기력과 절망을 보여주고 싶진 않다. 아득한

❖　　드래그(다른 성역할에 따른 옷을 입는 것) 스타를 선발하는 미국의 리얼리티 쇼.

어둠이 아직도 내 곁에 남아 있다.

나는 엑서터대학교의 연구 결과를 읽는다. 우울증을
완화하려면 주변 경관에 새가 있는 것이 효과적이라고 한다.
조류학적 자가 치유를 시도하기 위해 나는 우리 정원에 새들을
끌어들이기로 한다. 지난번의 우울 삽화 기간 동안 소소한
프로젝트에 집중하는 것이 끔찍한 죄책감과 슬픔의 자동 공급을
막는 효과가 있다는 것을 깨달았다. 장갑 뜨개질도 그런 사례였고,
이제는 또 다른 무언가를 찾아내야 한다.

나 자신에게 주는 선물로 예쁜 새 모이 보관소를 산다.
연철로 만든 늘씬한 나무 모양에 비뚤비뚤한 가지가 달려 있다.
우리 집 창가에서 푸른박새를 볼 수 있을지도 모른다는 생각으로
힘을 끌어올려서 딸들과 함께 동네 원예용품점에 간다. 밀웜,
땅콩, 니저*niger* 씨앗, 기름 덩어리*fat ball*✢ 등을 바구니에 가득
담는다. 울새를 비롯한 여러 조류에게는 인간의 시리얼 같은
간식거리들이다. 나는 집으로 돌아와 창밖에 나무 모양 모이
보관소를 세우고 모이통을 채운다. 정원에 새 모이 놓기를 그만둔
지 몇 년이 지났기 때문에 큰 기대는 없다. 일주일쯤 기다리면 몇몇
깃털 달린 손님들이 찾아오지 않으려나. 하지만 24시간도 안 되어
푸른박새가 신나게 모이를 먹기 시작하고, 곧이어 참새*sparrow*도
나타난다.

✢   야생조류가 자연에서 섭취하기 어렵지만 에너지 보충을 위해 매우 중요한
지방 성분을 덩어리 형태로 뭉친 것.

참새

    이후 며칠 사이 참새 무리가 단골손님이 되고 박새*great tit*와 찌르레기 한 마리, 오색방울새 한 쌍, 거기다 기쁘게도 오목눈이까지 몇 마리 찾아온다. 나는 이 작은 새를 무척 좋아한다. 조그만데도 카리스마가 넘치는 게 마치 깃털 달린 활기찬 막대사탕 같다. 이들의 별명 중에는 거의 구형에 가까운 둥지 모양 때문에 붙여진 술통이라는 뜻의 범배럴*bumbarrel*과 작고 둥그런 몸에 달린 긴 꼬리가 마치 찻숟가락처럼 보여 붙여진 플라잉티스푼*flying teaspoon*이 있다. 오목눈이들이 주고받는 높고 날카로운 울음소리를 우리 집 정원에서 들으니 기분이 짜릿하다. 지난 12월에 숲속 나뭇가지 사이로 공중제비를 돌던 새들과 똑같은 울음소리다. 내가 과감하게 정원으로 나와도 오목눈이들은 놀라지 않고 태연히 머무르며 모이를 쫀다. 서로를 향해 지저귀고 울타리를 넘나들며 차례로 모이통을

차지한다. 나는 꽃샘추위를 막기 위해 헐렁한 카디건과 목도리를
두르고 앉아서 오목눈이들을 바라본다. 이 작은 새들에게 감사하는
기분이 솟구치고, 문득 마음의 변화가 느껴진다. 치유되는
느낌이다. 뒷마당에 새들의 실시간 생중계 채널이 있다는 생각이
효과적으로 우울함을 쫓는다.

　　어느 날 아침 딸들이 등교한 후 차를 마시며 정원에 앉아
있는데 요란한 날갯짓 소리가 들린다. 눈앞에 분홍색과 검은색,
흰색, 푸른색이 스쳐 가더니 어치 한 마리가 모이 보관소 옆
땅바닥에 내려앉는다. 정원에서 어치를 본 건 처음이다. 우리가
마련한 새들의 야외 레스토랑이 미슐랭 가이드의 별점이라도
받았는지 차츰 유별난 손님들이 찾아오고 있다. 어치가 머리를
갸웃하며 위쪽 모이통에 든 밀웜을 곁눈질하는 동안 곁에서 소란이
벌어진다. 우리 정원 울타리에 둥지를 튼 수컷 검은지빠귀가
어치를 보고 격노한 것이다. 녀석은 어치에게로 펄쩍펄쩍
뛰어오더니 요란하고 날카로운 소리로 지저귀기 시작한다. 한
번 소리를 낼 때마다 두 날개를 옆으로 구부리는 모습이 화나서
장광설을 늘어놓으며 제 말을 강조하려고 양팔을 흔드는 사람
같다. 검은지빠귀에게는 충분히 화를 낼 이유가 있다. 어치는
까마귓과 새라서 종종 다른 새들의 둥지를 습격해 알과 새끼를
훔쳐 간다. 정원으로 어치가 찾아온 건 땅콩과 밀웜 때문이지만

검은지빠귀로서는 제 혈육을 잃을지도 모르는 위험을 감수할 수
없는 것이다. 녀석은 어치보다 훨씬 몸집이 작은데도 상대를 쪼아댈
기세로 맹렬히 달려든다. 창문 안쪽에서 애니가 새들의 드라마를
지켜보며 낑낑대는 소리가 들린다. 어치는 검은지빠귀를 피해서
옆으로 껑충 뛰며 땅에 떨어진 밀웜 하나를 침착하게 쪼아 먹는다.
검은지빠귀는 잠시 상황을 심사숙고하는 것 같더니 사이렌처럼
요란하게 성난 소리를 내며 울타리로 물러나 어치에게서 거리를 둔
채로 계속 쨱쨱 찍찍 투덜거린다.

　　　내가 수집한 자연물 중에는 맑은 7월 하늘 같은 진청색과
검은색의 가는 줄무늬가 난 희귀한 어치 깃털 세 개가 있다. 어치
깃털은 발견하기 어려워서 귀하게 여겨지며 때로는 박물학자들
간에 교환되거나 거래되기도 한다. 어치가 정원에 있는 동안 나는
그 깃털 세 개를 가지고 나와서 곰곰이 살펴본다. 이 깃털들은
날개와는 다른 색의 조그만 점박이 무늬 부분에서 떨어진 것이다.
나는 혹시 과거에 어치 깃털이 화폐처럼 교환가치를 갖진 않았을까
궁금해진다. 나라면 어치 깃털 한두 개를 위해 베이컨 한 조각이나
케이크 몇 조각 정도는 기꺼이 내주었을 것이다. 나에게 이
깃털들은 진정한 보물이다. 어치는 사냥할 때는 용감하지만 평소엔
소심한 편이라서, 정원에서 성난 검은지빠귀에게 혼쭐나는 어치를
목격한 사건은 강력한 천연 항우울제를 한 방 맞은 것 같은 효력을

발휘한다. 지난 몇 주 내내 없던 일이다. 다음 날 어치가 자기
짝까지 데리고 와 있는 걸 보고 나는 신이 난다.

아직 숲으로 산책을 하러 나갈 만큼의 정신력은 회복되지
않아서, 나는 창가에 앉아 모이통에 드나드는 새들을 바라보는
것으로 만족한다. 이처럼 보잘것없고 인위적이라고 할 수도 있을
자연과의 접촉이 4월의 여러 우울한 날을 버틸 수 있게 해준다.

지난달에 내가 앓는 동안 심각한 저온현상과 폭설, 강한
서리로 또 한 번 몇 주 동안이나 봄의 진행이 멈추었다. 나는 거의
알아채지도 못했다. 침실 창문으로 무심하게 바깥을 바라보거나
트위터와 인스타그램을 통해 근사한 겨울 풍경과 정원 탁자에
비현실적일 만큼 높게 쌓인 눈 더미 사진을 보았을 뿐이다.
그러다가 나중엔 그런 광경에도 싫증이 났다.

당시 내 정신은 다른 종류의 겨울에 사로잡혀 있었기 때문에
이 사나운 날씨가 자연에 미칠 타격은 미처 생각하지 못했다.
혹독한 추위는 대기와 토양의 온도가 점차 증가하여 초목이
잎과 꽃을 틔우는 과정을 정지시켰고, 폭설은 벌레와 씨앗, 소형
포유동물 같은 토양 기반의 먹이들을 숨기거나 아이스박스에 넣고

잠가버렸다. 그 결과로 여러 종의 조류가 끔찍한 상황에 빠졌다. 영역을 지키고 짝을 찾아 둥지를 짓고 알을 낳아 품어서 새끼를 키우려면 엄청난 에너지가 필요하다. 봄이 시작되려는 순간 닥쳐온 겨울 날씨는 여러 새의 짝짓기 타이밍에 치명적인 영향을 미칠 수 있다. 암컷들은 알을 낳기 위해 기력이 회복될 때까지 기다려야 하고, 이러한 지연 때문에 짝짓기 철 동안 더 많은 알을 부화시킬 수 없게 된다.

우리 집 울타리에는 지난 5년간 해마다 검은지빠귀들이 둥지를 틀었다. 쥐똥나무와 딱총나무, 회양목이 촘촘히 자라난 정원의 경계선이다. 매년 똑같은 검은지빠귀의 둥지인지는 모르겠지만 어쨌든 항상 같은 자리에 지어지며 보통 2월 말에 공사가 시작된다. 하지만 올해는 평소보다 몇 주 늦은 3월 중순이 되어서야 암수 검은지빠귀가 정원 주변의 마른 풀줄기와 진흙, 이끼를 모으기 시작했다. 분명 혹독했던 지난겨울 날씨 때문이리라. 4월이 된 지금 두 마리의 새는 몇 분에 한 번씩 텃밭에서 작은 벌레와 곤충을 잡고 있다. 부화가 시작되었다는 신호다. 새들의 끊임없는 에너지와 활력을 조금이라도 얻을 수 있다면 싶지만, 몇 주나 병을 앓는 중에 이처럼 단순하고 기분 좋은 생각을 할 수 있다는 사실만으로도 무척

반갑다. 어치를 쫓아내려던 수컷 검은지빠귀의 시도는 요란하고
단호했지만 별 효과는 없었다. 까마귓과의 새가 그곳에 내려앉는
순간 수컷 검은지빠귀는 정원 새들의 위계에서 왕위를 잃은
것이다.

찌르레기도 몇 마리씩 새들을 위한 우리 카페에 찾아오기
시작한다. 녀석들은 종종 날카로운 소리로 다투며 무질서하게
내려앉아서 밀웜과 기름 덩어리를 놓고 싸운다. 정원에서

검은지빠귀 둥지

찌르레기를 발견한 검은지빠귀가 격분한다. 찌르레기는
검은지빠귀보다 살짝 몸집이 작기 때문에, 찌르레기 한 마리가
모이 보관소에 내려앉으면 검은지빠귀는 온통 날개를 펄럭이고
새된 소리로 비난을 퍼부으며 침입자를 막아낸다. 하지만 찌르레기
떼는 좀 더 어려운 문제다. 가끔은 한 마리씩 차례로 해치우려고도
하지만 벌레를 찾는 데 필요한 힘만 낭비하는 꼴이다. 그래서
찌르레기들이 무리 지어 올 때면 검은지빠귀는 대체로 노려보며
경고하듯 지저귀기만 하고 계속 새끼에게 줄 먹이를 찾아다닌다.

　　내가 자란 리버풀*Liverpool* 교외는 여름에도 제비*swallow*를 보기
어려운 지역이다. 그래서 제비, 칼새, 흰털발제비의 모습은 그들이
몇 달간 머물며 새끼를 낳은 뒤인 늦여름에도 나를 들뜨게 한다.
이 작고 까만 여행자들이 희망을 전하고 따뜻한 계절을 예고하는
특별한 새라는 사실을 나는 어린 시절에 이미 알아차렸다.
　　나는 2003년에 펜스 변두리로 이사 온 뒤, 제비가 매년 4월
12일이나 13일에 도착한다는 것을 알게 되었다. 하지만 올해는 그
날짜에도 제비가 올 기미가 보이지 않는다. 계절의 흐름이 지연된
모양이다. 제비가 보이지 않으니 당혹스럽다. 나는 그럴싸한

설명을 찾아 트위터를 살펴본다.

남해안에서 제비가 목격되긴 했지만 평소보다 몇 주나
늦은 것이라고 한다. 조류 애호가들은 경악한다. 지구온난화를
고려하면 제비들이 아프리카에서 조금 더 일찍 왔어야 하기
때문이다. 3월에 이곳 날씨가 추웠다는 점은 그들에게 영향을
미치지 못했을 것이다. 무슨 일일까? 제비들은 어디 있는 걸까?
모로코의 악천후로 출발이 늦어졌을 거라는 얘기도 있다. 나는
제비가 나타나기를 기대하며 정원에 앉아 하늘을 바라본다.
울타리에서 참새들이 지저귀고, 항상 경계 상태인 검은지빠귀
수컷과 차분하지만 예민한 바위종다리가 제비꽃 화단에서
종종거리고 있다. 하지만 하늘을 헤엄치듯 선회하는 긴 꼬리 새의
모습은 보이지 않는다. 오목눈이가 두세 마리씩 사이좋게 정원에
날아든다. 모이통에 내려앉았더니 가까이 있는 내게 아랑곳없이
간식을 먹는다. 유쾌한 광경이지만, 내 시선은 간절히 그리운 새의
모습을 찾아 또다시 하늘로 돌아간다.

4월 중순이 지나고 기온이 오르면서
나는 정원에서 점점 더 오랜 시간을
보낸다. 회복 속도는 느리지만,
야생이든 인공적으로 가꾼
것이든 식물 사이에서 지낸

시간의 치유 효과는 뚜렷하다. 맑은 날 아침이면 나는 화단의
잡초를 뽑으며 유익한 토양 박테리아, 특히 미코박테륨백케이와
아직 밝혀지지 않은 다른 균주들과의 접촉이 뇌 신경전달물질의
균형을 맞춰주기를 기대한다. 정원 일은 흙을 만지며 하는
요가와도 같아서 만족스럽고 은근히 기분을 달래줄 뿐만 아니라
우울한 생각을 쫓아내는 데도 도움이 된다. 정원에 찾아드는
새들을 관찰하는 것과 마찬가지다.

　　나는 화단에 꽃씨를 뿌리고 왜방풍, 메꽃, 때로는 엉겅퀴
싹을 솎아낸다. 몇 달 뒤에 꽃이 피어나면 꺾어서 집 안에 둘 수
있겠지. 그런 뒤에 차 한 잔을 마시며 잠시 휴식을 취한다. 문득
하늘로 눈을 돌렸을 때 보이는 것이 있다. 올해의 첫 번째
제비다. 제비가 정원 위로 솟구쳐 오른다. 마치
허공에서 파도를 타는 흑청색 돌고래
같다. 각다귀와 날벌레들이
모여드는 울타리 가장자리를
따라 헛간 지붕을
스치듯 날아오르더니,

제비

능금나무에 이르러 휙 급강하하여 작은 정원 끄트머리에 있는
낡은 텔레비전 안테나에 앉아서 쉰다. 저 제비는 남아프리카에서
여기까지 여행해왔다. 한 달 동안 9,000킬로미터를 이동했으니
하루에 약 300킬로미터를 날아온 셈이다. 저렇게 작은 새로서는
상상하기 어려운 위업이다.

　　불가능해 보이는 과업을 끈질기게 수행하는 사람을 제비에
비유하는 건 진부한 표현이지만, 제비의 여행길은 정말로 놀랍다.
도중에 여러 마리가 폭풍우나 포식자에게 목숨을 빼앗기긴
해도 대부분은 무사히 도착해서 짝짓기를 하고 알을 낳아
새끼를 키운다. 여름 내내 깃털 달린 날쌘 화살처럼 들판 위를
돌아다니다가 전화선에 모여 앉아 다음 해의 이동을 준비하겠지.
내 상태가 대체로 괜찮은 계절 동안 제비들은 이 지역에서 지낸다.
경이로운 여정을 마치고 우리 집 정원에서 쉬는 저 새를 보니
전율이 느껴진다. 제비가 목적지에 도착했듯이 나 역시 또 한 번의
겨울을 이겨낸 것이다. 나는 안마당에 앉은 채 잠시 조용히 운다.

　　애니를 포함한 모든 식구가 브래드필드 숲으로 나들이를
간다. 이곳은 아주 특별한 장소다. 고대부터 존재해온

베리세인트에드먼즈*Bury St Edmunds* 근처의 삼림지대로, 13세기에
조성된 개암나무 잡목림에는 아직 열매가 열린다. 숲 입구에서는
지금도 완두콩 넝쿨 지지대나 울타리용 말뚝 등 잡목림의 생산물을
판매한다. 잡목림 덕분에 보전된 널따란 습지는 야생화가 만발하고
인동덩굴, 나무딸기, 장미가 무성하게 뒤엉켜 자라서 나이팅게일이
알을 품기에 완벽한 은신처를 이룬다. 요즘 영국에서는 보기
어려운 광경이자 사라진 시대의 잔상이다.

비가 와서 오솔길이 진흙으로 찐득거린다. 여기저기 진창이
생긴 데다 날씨가 매우 쌀쌀하지만 개암나무 덤불 아래와 오솔길
가장자리에는 봄의 전령인 식물들이 여기저기 솟아나 있다. 숲에
들어서자마자 숲바람꽃*wood anemone*이 눈에 들어온다. 작은 별
모양의 이 야생화는 3월이면 꽃가게에 입고되는 화사한 아네모네와
8월에 정원에서 피는 분홍색과 흰색 추명국의 사촌뻘이다. 잎에서
사향 냄새가 나기 때문에 스멜폭스*smellfox*라는 이름으로 불리기도
한다. 브래드필드 숲에는 숲바람꽃이 무더기로 피어나 습지에
별자리를 이루었다. 이름에 걸맞게 얼얼한 4월의 바람 속에서 몸을
흔들며 춤추고 있다. 제라늄 잎을 닮은 톱니 모양의 섬세한 잎과
하얀 홑겹의 꽃잎 속에 싸인 수술이 여러 개 달린 꽃부리는 너무
완벽해서 몇 시간이라도 바라볼 수 있을 것 같다.

숲 모퉁이를 돌아가자 눈앞에 길고 곧은 오르막이 펼쳐진다.

경사는 완만하지만 진흙탕이 유난히 끈적거린다. 짖는사슴과
새들의 발자국이 여기저기 찍혀 있고 애니는 발자국 하나하나를
열심히 킁킁거린다. 숲길을 몇 미터 따라가다 보니 희미하게
노란 것이 번득거려서 나는 그것을 살펴보기 위해 발길을 멈춘다.
옥슬립*oxlip*이 꽃을 피웠다. 이스트앵글리아*East Anglia*의 몇몇
지역에서만 볼 수 있는 식물이다. 꽃 모양과 꽃잎 색은 앵초를
닮았지만 생태는 노란구륜앵초*cowslip*와 비슷하며, 곱게 주름진
로제트에서 쭉 뻗어 나온 줄기 끝에 꽃송이 여러 개가 맺힌다.

　　이 식물은 셰익스피어의 희곡 《한여름 밤의 꿈*A Midsummer
Night's Dream*》에 등장하는 요정 왕 오베론의 독백을 통해 역사에
남았다. 오베론은 백리향*wild thyme*이 자라고 옥슬립과 들장미,
인동덩굴이 뒤엉켜 있는 강둑을 언급한다. 내 안의 식물학자는
백리향이 따뜻한 모래흙을 선호하는 반면 옥슬립은 서늘하고
진흙이 풍부한 삼림 부엽토에서 자란다는 점을 염려하지만, 이런
얘기는 쓸데없이 진지한 군더더기일 것이다. 야생 인동덩굴이
가지치기한 개암나무 줄기를 휘감으며 뻗어 나가고, 가시나무
덤불이 나이팅게일 둥지를 가린다. 오베론은 티타니아가 꽃향기
속에서 낮잠을 즐기는 곳, 온갖 식물이 우거진 경이롭고 황홀한
강둑에 관해 이야기한다. 그의 대사는 꼭 브래드필드 숲의
습지에서 영감을 받은 것만 같다.

←　　브래드필드 숲의 숲바람꽃.

나도산마늘*wild garlic*은 잎이 무성해지기 시작했고 꽃망울도 맺힌 상태다. 내가 가장 좋아하는 꽃 중 하나인 허브베니트*water avens*도 이곳 브래드필드 숲의 도랑길에 피어난다고 한다. 아직 꽃은 보이지 않지만, 단풍터리풀 줄기를 따라 종이로 접은 것처럼 납작하게 오므리고 있는 어린잎들이 눈에 띈다. 봄은 늦어지긴 했지만 추위와 비를 뚫고 확실히 이곳에 와 있다. 딸들에게 식물 하나하나를 보여주고 옥슬립이 얼마나 보기 드문 종인지 이야기하자 아이들은 신이 난다. 숲을 나서기 직전에 막내딸이 머리 위 나뭇가지에서 조그마한 형광 연둣빛 조각들을 발견한다. 올해 돋아난 개암나무 새잎이다. 눈부시도록 환한 빛깔의 나뭇잎 조각은 겨울의 잔해인 잿빛과 갈색 풍경에 비해 아주 작지만 경이롭다. 우리가 이 매혹적인 숲을 떠날 무렵 나는 오늘 목격한 봄의 신호들이 나의 회복을 거들어 줄 것을 확신한다.

← 브래드필드 숲의 개암나무 새잎.

사양채 *Anthriscus sylvestris*

May

나이팅게일이 노래하고
사양채꽃이 피다

내가 앓은 지도 두 달이 지났다. 최악의 우울 증상은 벗어났지만, 기분 저하의 그늘이 여전히 내 의식 저변을 맴돌고 있다. 하지만 5월이 시작되면서 자연의 경이를 찾아 나서려는 본능이 그동안의 억압으로부터 슬슬 깨어난다. 아직은 미약하지만, 이 본능이 돌아와서 다행이다.

아픈 동안 실내에서 지내느라 봄의 중요한 부분을 놓쳤다. 하지만 계절이 지연된 까닭에 5월 초인 지금에야 사양채가 겨우 꽃을 피우기 시작했고 블루벨도 아직 만발해 있다. 내가 블루벨을 놓치지 않았다는 게 기쁘다. 우울증의 여파가 아직 의욕과 기력을 갉아먹고 있지만, 삼림지대에 펼쳐진 블루벨의 푸른 안개를 보고 싶다는 강력한 충동은 멜랑콜리에도 꺾이지 않는다. 그리하여 나는 또다시 브래드필드 숲으로 차를 몬다.

숲에 들어서자 봄이 깊어갈 무렵 발생하는 특유의 은근한 온기가 느껴진다. 걸어가는 동안 온화한 날씨와 얼룩얼룩한 나뭇잎 그늘, 아찔하고 다양한 농도의 푸르름과 낙엽과 새싹, 블루벨의 향내가 뒤섞여 감각적인 기쁨의 칵테일을 이룬다. 지금 이곳은 숭고함 그 자체다. 햇빛, 향기, 색채, 그리고 또 다른 것들. 자연 그 자체인 무언가가 새롭게 나타난 벌과 땅감자*pignut*의 섬세한 이파리, 머리 위 새들의 관현악단 속에서 진동하며 나의 영혼을 훌쩍 위로 끌어올린다. 새로 돋아난 눈부신 나뭇잎 속을 헤엄치고 싶다. 은은하게 썩어가는 지난해의 낙엽 무더기와 나무뿌리를 연결하는 균사체의 월드와이드웹 속에 뛰어들어, 나도산마늘 위로 초록과 금빛의 봄 햇살이 쏟아지는 습지로 솟구쳐 나오고 싶다. 나는 멈춰 서서 주위를 둘러보며 숲이 주는 환희를 마음껏 들이마신다. 이곳 어딘가에 겨울잠쥐와 나이팅게일, 난초가 있겠지. 이곳에는 힘이 있다. 치유력이 있다.

나는 첫 번째 공터로 걸어간다. 관광 안내소에서 겨우 몇 미터 떨어진 장소다. 가지치기를 한 이곳의 개암나무는 심은 지 몇 년밖에 안 되었지만 이미 무성한 덤불을

나도산마늘

이루었다. 작은 표지판에 근사한 문구가
적혀 있다. '언덕에서 물러나세요,
단생벌의 보금자리입니다.' 서퍽
야생보호협회가 이 귀중한 서식지를
잘 돌보고 있다는 증거다. 내 앞의 나지막한

황갈색애꽃벌

모래 경사면에서 무언가 작은 것들이 움직인다. 놋쇠처럼 반짝이는
암컷 황갈색애꽃벌*tawny mining bee*이 알을 낳기 위해 분주하게 구멍을
파고 있다. 암컷들은 다 파낸 구멍 앞을 잠시 맴돌다가 다시금
그들의 중요한 임무에 착수한다. 일 년 전 딱 오늘 같은 날에 이
벌들을 본 기억이 난다. 내가 한 시간 넘게 벌을 관찰하는 동안
아이들은 지난해 겨울에 잘려 나간 개암나무 가지로 멋진 은신처를
만들었다. 벌들에 관해 **알고** 싶다. 벌들이 작은 굴을 파는 방법을
배우고 그들의 채집 비행에 따라나서고 싶다. 나는 한참이나 넋을
놓고 벌들을 바라본다.

　　　언덕 뒤에 내가 보러 온 식물이 있다. 절정에 이른
블루벨들이다. 줄기 아래쪽은 꽃송이가 만개하여 꽃잎 하나하나가
바깥으로 젖혀졌고 위쪽은 꽃봉오리가 벌어지기 직전이다. 깊고
진하고 선명한 푸른빛이 꽃과 함께 흔들리며 울려 퍼지는 듯하다.
블루벨 사이에 허브베니트, 숲바람꽃, 땅감자 줄기로 뒤덮인
땅뙈기가 있다. 나는 그곳에 책상다리를 하고 앉아 블루벨을

바라본다. 햇살과 풍요로운 꽃들이 시야를 가득 채우고
뇌세포에 이른다. 최고로 맛있는 초콜릿 케이크나 집에서
만든 짭짤한 감자칩을 먹을 때 같은 강렬한 만족감이 퍼져
나간다. 마치 내 마음이 이 광경을 먹어 치우고 거기서
양분을 취하는 것 같다.

단생벌이 블루벨의 꿀과 꽃가루를 채취하느라
윙윙 날아다니는 소리가 나른하게 들려온다. 꽃들
사이에 드러누워서 한잠 자고 싶어진다. 편안히 시간을
흘려보낸다. **이것이** 산림욕이구나. 나는 주위의 풍경에
완전히 스며든다. 낙엽의 곰팡이 냄새와 블루벨의 은은한
향기가 느껴진다. 햇살이 목덜미를 데워준다. 수풀 속의
소형 포유동물들이 분주하게 바스락대는 소리와 머리
위의 새들이 노래하는 소리가 들려온다. 숲은 내 혈압을
낮추고 기분을 돋우며 스트레스 수치를 끌어내려 준다.
지금 이 순간이 나의 회복에 유익하다는 것은 의심할
여지가 없다. 내가 얼마나 오래 블루벨 속에 머물렀는지
모르겠지만, 마침내 집으로 가려고 일어났을 때도 좀처럼
발걸음이 떨어지지 않는다.

→   브래드필드 숲의 블루벨.

지난 3년간 포덤*Fordham* 근방의 교차로 길가에는 지역
목초지에서 가져온 야생초 씨앗이 뿌려졌다. 소엄*Soham*이나 일리*Ely*,
뉴마켓*Newmarket*으로 가는 트레일러와 승용차가 끊임없이 이어지는
교차로 주위에 풀밭을 만들기 위해서였다. 이 땅뙈기에는 보행로가
없다. 사실 대부분은 목적지로 차를 몰아가느라 바빠서 이곳의
존재를 알아채지도 못할 것이다. 그저 아주 짧게 스쳐 지나가는
색채로, 푸른 잔디 위의 흰색과 노란색, 자주색 얼룩 정도로만
인식하지 않을까. 때로는 풀밭 가장자리에 이 빠진 휠 캡이 버려져
있기도 하다. 지나가는 차에서 내던진 담배꽁초나 플라스틱병이 풀
속 여기저기를 나뒹군다. 도무지 자연이 번성할 수 없을 것 같은
장소다. 근처의 도로변은 여름이면 바싹 말라붙고 때로는 제초제가
뿌려지거나 벌초 되기도 한다. 하지만 이 지점에만은 땅 소유주
혹은 지역 당국이 곤충을 위한 낙원을 조성해 놓았다. 오레가노*wild
marjoram*, 검은수레국화, 옥스아이데이지*oxeye daisy*, 관목 산울타리와
솔나물*lady's bedstraw*, 산갈퀴덩굴*vetch*, 토끼풀, 잠두, 돼지풀, 체꽃 등
온갖 식물이 풍성하게 자라난다. 지금은 노란구륜앵초가 가득 피어
있다. 보통은 4월 중순에서 하순까지 만발하는 꽃이지만, 지난 3월
눈이 내린 여파가 아직도 식물 달력에 뚜렷하게 남아 있다.

철로 가까이 버려진 산업단지 입구에 차를 세우고 교차로
쪽으로 걸어간다. 사방이 온통 노란구륜앵초다. 수백 송이, 어쩌면

수천 송이의 꽃이 노란 구름처럼 피어나 있다. 노란구륜앵초의
색은 매우 강렬하다. 마치 진한 계란 노른자 안에 오렌지색 점 다섯
개가 찍혀 있는 것 같다. 꽃받침에서 불쑥 나와 줄기를 빙 둘러싼
조그만 꽃송이에 하트 모양의 꽃잎 다섯 장이 주름 장식처럼
달려 있다. 이른 저녁 낮게 가라앉는 태양의 역광 속에서 꽃들은
정말로 멋져 보인다. 나는 블루벨 사이에 앉았던 것처럼
노란구륜앵초 사이에 앉아서 이 비현실적인 공간의
미묘하고 아름다운 광경을 들이마신다. 바로 몇 미터
옆에서 차들이 굉음을 내지만 그 소리는 거의
들리지 않는다.

　　내가 매년 찾아 나서는 특정한
야생동식물이 있다. 봄의 붉은패모, 겨울의
찌르레기 군집, 초여름의 난초. 그리고
5월이면 생각나는 새가 있다. 이제는 보기
어려워진 희귀종 철새로, 아마도 가장 놀라운
소리를 내는 동물 중 하나일 것이다. 이
새의 울음소리에는 일련의 순서가 있다.
거품을 일으키며 흘러가는 물소리와

오레가노

견디기 어려울 만큼 감미롭게 반복되는 떨림 섞인 고음, 반음계
아래 엔진의 울림처럼 나지막한 저음까지. 나이팅게일의 노래를
들을 때면 다른 모든 감각이 마비되는 것 같다. 청각이 모든 것을
압도하고, 새의 울음소리에 반응하여 머릿속의 뇌세포가 폭발적인
환희에 빠진다.

　　9년 전에는 우리 동네 숲에서도 나이팅게일 한 마리가
노래하곤 했다. 내가 거의 매일 애니와 산책하는 바로 그 숲
말이다. 욕실 창문을 열었다가 나이팅게일 소리를 듣고 너무
신이 난 나머지 그 소리를 녹음해서 블로그에 올리기도 했다.
유감스럽게도 2009년에 오두막집 뒤의 작은 숲속에서 위큰 습지를
향해 노래했던 그 수컷 새는 짝짓기에 실패했고 다음 해에는
돌아오지 않았다.

　　나는 나이팅게일의 노래를 듣고 싶다는 생각만으로 한 시간
반을 운전해 글랩손Glapthorn 소 방목지의 나이팅게일 산책로까지
간다. 노샘프턴셔Northamptonshire에 있는 울창한 보호림 지대다. 그
전에 위큰 습지에서 혼자 소풍용 돗자리를 깔고 불침번을 서며 매년
그곳으로 돌아오는 몇몇 철새들의 노랫소리에 귀를 기울이기도
했지만 목적을 이루지는 못했다. 이탈리아의 토스카나 지역에서
숲이 우거진 골짜기를 따라 나이팅게일 수십 마리가 노래하는
소리를 들은 적이 있는데, 내 평생 가장 근사하고도 중요한 자연

나이팅게일

체험 중 하나였다. 하지만 좀 더 가까운 곳에서 나이팅게일을 찾고
싶었던 나는 근처의 서식지를 검색하다가 베리세인트에드먼즈
근교의 렉퍼드*Lackford* 호수를 발견했다. 여러 쌍이 서식하는 장소인
데다 고속도로를 따라 반 시간만 가면 된다.

　　나는 저녁 7시쯤 출발하여 석양이 내릴 무렵 렉퍼드 호수
주차장에 도착한다. 부드러운 빛 속에서 은은한 푸른색 그림자가
하늘을 뒤덮고 지평선을 향해 뻗어 나가 앵초꽃처럼 섬세한 노란색
띠에 매끄럽게 섞여든다. 새잎이 난 봄 나무의 윤곽선이 석양을
배경으로 금세공품처럼 정밀한 무늬를 그린다. 차를 세우고 창문을

열자 즉시 귓가에 새들의 노래가 장막처럼 펼쳐진다. 저녁의
합창이다. 봄날 저녁이면 여러 종류의 새들이 높은 나뭇가지에
자리를 잡고 자기 영역을 주장한다. 주차장을 에워싼 나무의 가장
높다란 가지마다 새들의 윤곽선이 보인다. 아름다운 경고 신호를
보내는 새들의 합창단이다. 모든 새가 한꺼번에 입을 모아 여기 내
둥지와 가족이 있으니 감히 영역을 침범하지 말라고 선언한다.

빛이 희미해지고 합창도 사그라져간다. 열성적인
검은지빠귀와 노래지빠귀만이 마지막까지 주변의 나무 우듬지에
앉아 큰소리로 신나게 노래하고 있다. 그때 검은지빠귀의 낭랑한
울음소리와 노래지빠귀의 반복되는 후렴 아래로 다른 노랫소리가
들려온다. 하지만 또렷하게 들리진 않아서 나는 차 문을 잠그고
노래가 들려오는 쪽으로 걸어간다. 검은지빠귀들도 밤을 지낼
준비를 시작한다. 아직 노래를 부르긴 하지만 한 소절 한 소절
사이의 간격이 점점 더 길어지고, 그러다가 완전히 조용해진다.
노래지빠귀들도 이젠 노래를 그치고 자리를 잡았다.

여전히 들려오는 노랫소리는 먼 거리와 무성한 덤불
탓에 군데군데 끊기지만, 나지막하고 또렷한 '축-축-축' 소리로
나이팅게일임을 알 수 있다. 그 사실을 인식하자마자 나는 발길을
멈추고, 노랫소리가 하나로 모여 내 귓가에서 형태를 이룰 때까지
기다린다. 절묘하게 반복되는 높다란 울음소리가 도저히 견딜 수

없는 애절한 감정을 표현하듯 구슬프게 숲속에서 흘러나온다.
그 음조가 예기치 않게 내 머릿속을 열어젖힌다. 겨울은 길었고
그동안의 생활은 고달팠으며 내 마음은 그 대가를 치러야 했다.
나는 이제야 다시 살아나려는 것 같다. 숲속 아득히 보이지 않는
어딘가에서 울려 퍼지는 나이팅게일의 노랫소리가 이런 사실들에
선명하게 초점을 맞춰준다.

　　나는 우울증에 붙들릴 때마다 내가 가진 모든 무기를
동원해 맞서 싸우고, 간신히 벗어나 서서히 회복하며 다시 인생을
살아나가려 애쓴다. 벗어날 수 없는 진 빠지는 악순환이지만,
오늘도 나는 굳건하게 견디고 있다. 나는 우울증을 일관된 하나의
존재로 여기지 않는다. 이곳에서 저 복잡미묘한 노랫소리를 듣고
있으니 그간 억눌러왔던 생각들이 마음속에서 폭발한다. 내가 이
상태를 완전히 벗어날 가능성이 없다는 걸 안다. 이 병은 내 인생의
절반이 넘는 시간에 걸쳐 삶을 온전히 누릴 능력을 빼앗았다. 나는
새삼 내가 우울증을 얼마나 증오하는지 느낀다. 이 병은 거대한
잿빛 민달팽이처럼 내 마음을 깔고 앉았지만, 나는 할 수 있을
때마다 그놈에게 타격을 가하며 빠져나오려고 애쓴다. 숲속의 새와
식물 사이에서 시간을 보내면서 그놈에게 한 방을 먹이고, 그림을
그리거나 손으로 무언가를 만드는 기분 전환 활동을 통해 좀 더
긍정적인 정신상태를 조성하며 그놈을 걷어찬다. 상담 치료사를

찾아가고, 날마다 약을 먹고, 우울감에 압도당할 것 같으면
복용량을 늘린다.

나는 내가 바라는 것보다 더 많은 수면과 휴식을 취해야
하며 그렇게 해도 내가 바라는 만큼 작업하고 성취할 기력이 없다.
이런 상황을 제어하려고 애쓰는 것이야말로 나의 끝나지 않는
과업이자 내 필생의 비참한 **역작**이 될 것이다. 나는 지쳤고 갑자기
이 병으로부터 잠시라도 휴가를 떠나고 싶어진다. 딱 하루만 아침에
일어나 내가 하는 일을 순수하게 즐길 수 있다면, 내가 할 수 있는
일에 대한 기대를 줄이지 않을 수 있다면. 나는 렉퍼드 호숫가에서
작고 희귀한 새의 아름다운 노랫소리를 들으며 소리 내어 운다.
거기 선 채 눈물이 흘러나오게 놔둔다. 흐느끼며 길바닥에 콧물을
떨어뜨린다. 내가 느끼는 증오와 분노가 마구잡이로 터져 나오도록
내버려 둔다. 그러고 나서 정신을 꾹 쥐어짜며 현실로 돌아온다.
이런저런 생각들을 다시 '머릿속의 섬뜩한 상자'에 집어넣고, 차를
타고 집으로 향한다.

다음 날은 기분이 좋다. 우울증과 함께 산다는 게 얼마나
고단한 일인지 인정하면서 마음이 한층 가벼워진 것 같다. 나는
애니에게 목줄을 채워 오두막 뒤쪽 숲으로 걸어간다. 우리가
평소와 같은 경로를 따라가는 동안 숲속의 친숙한 오솔길이 마음을
달래준다. 숲에서는 먹음직스러운 냄새가 난다. 딱총나무와

산사나무꽃이 풍기는 머스캣처럼 다디단 향기에 버섯과 비슷한
낙엽 냄새, 푸르른 잔디와 잎이 무성한 여러 식물의 강렬한
냄새가 뒤섞인다. 나는 발길을 멈추고 산사나무꽃을 살펴본다.
꽃잎이 다섯 장 달린 작고 섬세한 꽃 수백, 수천 송이가 나무를
장식하며 숨 막힐 듯한 향기를 뿜는다. 나는 몇 주 후면 맺히기
시작할 산사나무 열매를 떠올린다. 그 짙은 포도주 빛은 나에게
생생한 시각적 치료 약과도 같다. 산사나무는 일 년의 네 계절
중 세 계절 동안이나 내 마음을 위로하고 마음속 어둠을 쫓아내
줄 힘을 지닌 것이다. 나는 이 나무에 깊은 감사를 느낀다. 그
자리에 서서 산사나무꽃의 진한 향기를 들이마시며 내 셰퍼드*Nan
Shepherd*가 소나무에 관해 쓴 구절을 생각한다. "그 상쾌한 향기가…
내 폐의 가장 깊은 구석까지 파고들 때면,
나는 지금 들어오는 것이야말로
생명임을 인식한다. 내 콧구멍
속의 가느다란 털을 통해 생명을
들이마신다."

딱총나무꽃

June

뱀눈나비가 날아다니고
꿀벌난초가 만발하다

2월에 스노드롭으로 시작된 꽃들의 컨베이어 벨트에 과부하가
걸렸다. 한 해 초에는 항상 진도가 느려서 스노드롭과 바곳에 이어
2월 말에 자엽꽃자두, 가시자두, 산쪽풀, 야생 수선화, 숲바람꽃이
피는 정도다. 3, 4월에는 개화 빈도가 조금 더 잦아져서 꽃 한
종류가 피어날 때 온전히 몰두할 수 있는 속도에 이른다. 꽃을
관찰하고, 향기를 맡고, 사진을 찍거나 그림을 그리고, 희귀종이
아니라면 꺾어서 압화로 만든다. 꽃이 지면 조금 애석해하지만 금세
다음 차례인 또 다른 꽃에 집중한다. 5, 6월이 되면 산울타리에서나
정원에서나 식물의 생장이 어지러울 만큼 빨라진다. 따뜻한 날씨에
더해 적당한 간격으로 비만 충분히 내려준다면 산울타리는 금세
애매한 신록을 벗어나 무성한 녹음을 이룬다.

　　5월 중순이면 사양채 이파리가 커지고 꽃대는 정교한
폭죽처럼 위로 솟구친다. 매년 이맘때면 꽃들의 출현을 더는

쫓아갈 수 없는 단계에 이른다. 병꽃풀, 땅감자, 광대수염,
광대나물, 산사나무, 민들레, 허브베니트, 보리지*borage*, 개양귀비,
산갈퀴덩굴, 솔나물, 돼지풀을 비롯해 이루 헤아릴 수 없는
식물들이 한꺼번에 피어나고 만발한다. 길가는 온갖 꽃들로
가득해서 이걸 대체 어떻게 다 살펴보나 싶어진다. 식물의 생장에
있어 5월과 1월의 차이는 너무나 커서, 겨우 90일이 지났을
뿐인데 완전히 식생이 다른 나라에 온 것만 같다. 6월쯤에는 한
해의 흐름이 조금만 느려지기를 간절히 바라게 된다. 햇볕이 너무
강렬해져서 잔디가 누렇게 바래고 한 해가 가을을 향하여 반전되기
전에 생장의 계절을 길게 늘여 온갖
푸르른 풍요로움을 좀 더 편안히
흡수하고 싶다. 나는 일시정지 버튼을
누르고 싶어진다.

　　　나는 산사나무꽃이 지는 것을
(살짝 서글프게) 지켜보고 사양채
씨앗이 맺히는 것을 관찰한다(사랑하는
꽃아, 내년에 또 보자). 농지 둘레를
따라 핏방울처럼 붉은 개양귀비꽃이
피어나고(한동안 더 머물러주렴) 맨
처음 핀 딱총나무꽃이 갈색으로

보리지

시들어가는 것을 바라본다(맙소사, 올해는 너무 빨리 지나가네).
그때 한 가지 생각이 떠오른다. '일시정지 버튼을 누를 수는 없어,
하지만 되감기는 가능할지도 몰라……. 북쪽으로 간다면 말이야.
영국 북부로 봄을 뒤쫓아 가는 거야.' 이 생각이 한동안 내 마음을
떠나지 않고, 나는 어디로 가면 좋을지 궁리하기 시작한다.

　　트위터를 보는데 허턴*Hutton* 고지대의 석회암 보도 공극[✝]에
자라나는 조그맣지만 억센 꽃 사진이 눈에 들어온다. 문득
랭커셔*Lancashire*로 가면 어떨까 싶다. 트위터는 독기어린 온라인
논쟁으로 유명하지만, 이 악명 높은 사이트에도 상냥한 구석이
있어서 내게 우아한 영국 난초들의 매혹적인 사진을 보여주곤 한다.
파리난초, 녹색날개난초, 손바닥난초, 꿀벌난초, 남쪽습지난초,
그리고 섬세한 무엽란. 난초들과 아직 피어 있을지도 모르는
사양채꽃을 보고 싶은 마음을 참지 못하고 나는 더비셔*Derbyshire*를
찾아가기로 한다. 그 지역에는 한 번도 제초제를 뿌리지 않은
초원이 여러 곳 있다. 더비셔 야생보호협회 웹사이트는 '난초'와
'풍요로움'을 언급하면서 관광객들에게 꽃이 만발하는 6월의
초원으로 오라고 권유한다. 나는 에어비앤비를 통해 아담한 별장
하나를 빌리고, 6월 둘째 주의 어느 저녁 그곳으로 출발한다.

　　다음 날 아침, 나는 작은 석조 주택을 나서기 전에
크롬퍼드*Cromford*의 로즈엔드*Rose End* 초원에 관한 글을 읽는다.

✝　　바위의 침식이나 용해로 생긴 틈새.

인터넷에서 찾아낸 저화질 사진 몇 장은 연분홍 난초가 점점이
피어난 푸르른 풀밭을 담고 있다. 내비게이터의 지시를 따라
그리로 가니 웬 주택 단지가 나온다. '이곳이 맞을까? 내가
헛수고를 한 건가?' 의심스러운 마음에 허둥지둥 핸드폰을
들여다본다. 로즈엔드 초원의 우편번호가 언덕배기의 주택 백여
채 사이 어딘가를 가리키고 있다는 건 확실하다. 반드시 초원을
찾아내겠다고 결심한 나는 정원 담벼락에 기대어 있는 사람에게
혹시 초원이 이 근처냐고 물어본다. "맞게 왔네요." 그가 대답한다.
"저 계단을 쭉 올라서 왼쪽으로 가요. 그럼 도착할 거예요." 이렇게
인구가 조밀한 지역 바로 옆에 자연보호구역이 있고 거기서 난초가
자란다니, 아직도 비현실적으로 느껴지지만 어쨌든 나는 계단을
올라간다.

계단 위에 이르니 잔디 깔린 오솔길이 나온다. 길 한쪽에
민들레와 씨앗이 맺힌 사양채, 키 큰 엉겅퀴가 우거져 있다.
길의 다른 쪽으로는 주택 뒷마당의 담벼락이 이어진다. 오솔길은
모퉁이에서 꺾였다가 굵은 나무뿌리가 불쑥 튀어나온 급경사로
짧게 이어진다. 그리고 다음 순간 오른쪽에 출입문과 이곳이
로즈엔드 초원임을 알리는 표지판이 보인다. 이 한적한 출입문과
방금 지나온 뒷마당 간의 거리는 겨우 몇 미터에 불과하다.
그야말로 난데없는 변신이다. 조금 전만 해도 마당의 연못과

유아용 세발자전거가 보이고 베이컨 굽는 냄새가 풍겨 왔는데
갑자기 이렇게 목가적인 풍경이 나오다니. 출입문 주위로 꽃을
피우기 시작한 딱총나무와 열매를 맺으려는 산사나무가 가지를
굽혀 인사하며 맞닿아 있고, 발아래에는 붉은장구채*red campion*와
푸른지치*green alkanet*, 별 무리 같은 돼지풀꽃*hogweed*이 제멋대로
무성하게 피어 있다.

　　미지의 장소로 가는 문턱에 선 느낌이다. 이 길을 따라가면
내가 지금껏 찾던 무언가를 발견하게 될 것만 같은 예감에 살짝
어지러워진다. 나는 세상 물정에 끔찍하게 어두운 사람이다. 어릴
때는 병을 앓았고 겁이 많아서 여행을 거의 해보지 못했으며,
12년 전 아이를 가진 이후로는 상황이 여의치 않아서 한 번도
가족과 함께 외국에 나간 적이 없다. 하지만 국내나 동네 근처의
새로운 서식지와 희귀한 식물, 소소한 야생 경관을 찾아가는 작은
모험도 내게는 악어나 콘도르, 그랜드캐니언을 보는 것만큼 놀라운
일이다. 내가 여기 있다는 것이 너무도 짜릿하게 느껴진다.

　　출입문을 연다. 오솔길은 가파른 오르막이 되고 양옆으로
푸른 잔디밭이 뚜렷한 경계를 이룬다. 한동안 바로 눈앞의
1, 2미터를 빼고는 시야가 완전히 막혀 있다가 다시 길이
평평해지더니, 오른쪽으로 급격한 내리막과 그에 이어지는 작은
공터가 나타난다. 공터는 크게 자란 플라타너스와 산사나무로

에워싸였고 촘촘한 잔디 군데군데 돼지풀꽃이 무더기로 솟아나
있다. 왼쪽으로 펼쳐진 초원이 지평선을 이룬다. 지금 내가 서
있는 풀밭은 마치 식물로 만든 이탈리아 언덕배기의 도시 모형처럼
경사면에 착 달라붙어 있다.

　　발 앞을 내려다보니 곧바로 온갖 식물들이 뒤섞여 눈에
들어온다. 그중 상당수는 참고 서적을 통해서만 보았던 것이다.
키 작은 식물들로 군데군데 뒤덮인 길고 넓은 땅뙈기는 마치
던지니스에서 보았던 지의류 군락을 초원에 옮겨 놓은 것 같다.
키가 3센티미터밖에 안 되는 백리향의 널따란 쿠션 위에 작고 하얀
초롱꽃을 닮은 별 모양 꽃 무리가 흩어져 있다. 머릿속에서 희미한
기억이 깜박인다. 얼른 구글에서 찾아본 결과 요정아마*fairy flax*였다.
이 외진 곳에서 인터넷으로 검색을 하다 보니 휴대전화가 식물도감
여러 권을 가지고 다니는 것과 맞먹는다는
생각이 든다. 빅토리아 시대의
식물학자들, 예를 들어 많은 식물
청사진을 남겼고 해조류에 열광했던
애나 앳킨스*Anna Atkins*라면
내가 학명을 확인할 때마다
의존하는 이 기계를 어떻게
활용했을지 궁금해진다.

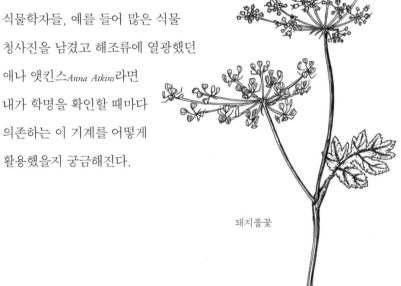

돼지풀꽃

나도 정원에서 아마를 기른 적이 있다. 여리고 우아한
식물로, 짙푸른 꽃잎 다섯 장으로 이루어진 꽃은 내 딸들이 어릴
때 그리던 꽃 그림을 닮았고 24시간 만에 져버린다. 요정아마꽃은
아마꽃의 축소판처럼 생겼고 놀랍도록 섬세하다. 실물로는
처음 보는 이 식물의 용도(책에서 읽은 바에 따르면 설사와 찜질
약이다)를 생각하니 웃음이 터져 나온다. 이 기분을 자연 애호가의
황홀감이라고 해야 할까. 그때 무언가 작고 푸른 것이 눈길을 끈다.
발부리 바로 앞에 내가 그렇게도 보고 싶어 했던 식물이 있다.

애기풀*milkwort*이다. 새로운 전율로부터 마음이 진정되자
나는 애기풀이 백리향과 요정아마에 뒤섞여 사방 몇 미터에
무더기로 자라나 있다는 걸 깨닫는다. 키는 7센티미터 정도이며
참제비고깔처럼 푸르고 카리브해 상공처럼 맑은 외꽃잎 안에 흰
공작새 꼬리털처럼 가느다란 술 모양의 내꽃잎이 있다. 이 꽃은
백악질 토양을 선호하며 전통적으로 순환기 질환 치료에 사용된다.
케블 마틴은 애기풀꽃을《영국 식물 컬러 소사전》의 11번 도판에
야생 루콜라, 갯배추, 반일화와 함께 그렸다. 이 지역의 식생은
대부분 작은 식물로 이루어져 있음에도 거대한 기쁨을 안겨준다.
뇌에 도파민이 흘러넘치는 것 같지만, 아직도 더 많은 황홀이
기다리고 있다는 걸 알기에 나는 탐험을 계속한다.

나는 오른편 공터의 돼지풀 무더기를 향해 경사진 길을

요정아마

올라간다. 주변 식생이 낮게 자란 메마르고 섬세한 덤불에서
무성하게 뒤엉킨 풀로 바뀐다. 높이 자라난 풀과 꽃만 보면
그사이에 앉아 있곤 하던 어린 시절의 버릇이 그대로 남아 있어서
나는 지금도 풀 속에 앉는다. 풀 이삭들은 대부분 내 어깨에 닿을
만큼 자라 있다. 식물을 이용해 몸을 숨기는 야생 포유동물이 된
기분이다. 주위의 식생을 살펴보기 시작하자 금세 노란딸랑이*yellow
rattle*가 눈에 들어온다. 필요한 양분의 일부를 근처에서 자라는 잔디
뿌리로부터 취하는 반半기생식물이다. 노란딸랑이는 외래종의
생장을 막고 다양한 야생화 종의 이식에도 도움이 되기 때문에
초원 서식지의 식물학적 다양성을 크게 증대시킨다. 귀리의 축소판

같은 풀 이삭들이 보인다. 나는 그것이 방울새풀*quaking grass*임을
알아차리고 또다시 식물학자의 환희에 빠진다. 어린 시절부터 보고
싶어 했던 또 하나의 식물이다. 신의 숨결 같은 산들바람이 초원을
훑고 지나가자 방울새풀이 파르르 떨린다. 머리카락만큼 가느다란
줄기 끝에 매달린 이삭이 작은 꿀벌 인형처럼 허공에서 춤춘다.

초원 식물 속에 여기저기 작은 산사나무가 자라고 있다. 그
뿌리 주변만 식생이 다른 걸 보니 산사나무가 토양에 영향을 끼치는
모양이다. 평탄한 목초지가 아니라 삼림에서 자랄 법한 식물들이다.
붉은장구채, 알칸나, 한두 송이만 남은 물망초*forget-me-not*, 작고
뾰족한 숲바람꽃 이삭. 나는 하나의 서식지가 다른 서식지와
만나는 지점을 자세히 살펴보기 위해 산사나무에 다가간다. 그
순간 내 앞에 난초 하나가 보인다. 겨우 10센티미터 정도로 작은
편이지만 절묘한 연분홍색 꽃이 너무나 아름답다. 영국에 서식하는
난초의 꽃대는 대부분 수상꽃차례✝를 이룬다. 작은 꽃 여러
송이가 줄기 하나에 무더기로 달리는 것이다. 진자줏빛 반점과
줄무늬가 복잡하게 그려진 꽃잎이 다섯 장 달린 이 난초의 꽃송이는
로벨리아꽃과 비슷하다. 줄기 꼭대기에 뭉쳐 핀 꽃들이 작은 천막을
이룬다. 꼭짓점엔 단단히 오므라진 봉오리들이, 맨 아래에는 만개한
꽃송이들이 있다. 나는 혹시 새로운 식물이 더 없으려나 궁금해하며
주변 몇 미터를 꼼꼼히 훑어본다.

✝   꽃들이 꽃대 끝에 이삭처럼 모여 피는 형태.

이 꽃은 영국에서 가장 흔히 보이는 난초
중 하나인 손바닥난초다. 방울새풀과 노란딸랑이
사이에 난초 서넛이 더 자라고 있다. 모든 야생종
난초는 특정한 균류와 공생관계를 맺으며 그들
없이는 발아하지 못한다. 난초와 공생균이 함께
번성하려면 토양의 산도, 견고성, 미생물군과
서식지의 미기후†가 적절해야 한다. 손바닥난초는
작고 수수해서 눈에 잘 띄지 않지만, 이 난초의
존재는 로즈엔드 초원이 영국 대부분을 점유한
단일종 경작지와 상반되는 곳임을 보여준다.
이곳에 풍부한 것은 단지 식생뿐만이 아니다.
토양 속에서 미생물과 균류가 식물과 상호작용을
하고 있으며, 그러한 관계들이 복잡한 그물망을
형성하여 이 초원의 기반이 된다. 과거엔 영국 땅
대부분의 생물다양성이 풍부했다는 사실을 생각하면
섬뜩해진다. 내가 오염되지 않은 토양과 생생하고
다양한 풀꽃을 보면서 느끼는 경이로움에는 우리가
방치한 초원이 산업적·집약적 경작에 잠식되고, 이
땅이 거대한 공장으로 변해버리기 전에 존재했던
자연 상태의 영국 땅에 대한 향수가 배어 있다.

†   지표면에 가까운 대기층의 기후.
→   더비셔 로즈엔드 초원의 손바닥난초.

나는 지난가을부터 동네 숲에서 꿀벌난초 이파리를
찾아다녔다. 작고 가느다란 꿀벌난초 잎은 야생당근, 잔개자리,
화살나무 묘목, 토끼풀과 잔디에 섞여 있으면 언뜻 비비추잎처럼
보인다. 2003년에 여기 정착한 이후로 거의 매년 그 꽃을 보았으니
숲에서 꿀벌난초가 자란다는 건 확실하다. 하지만 목격되는
지점이 해마다 조금씩 바뀐다. 모든 개체가 매년 꽃을 피우지 않기
때문이거나 새로운 개체가 발아했기 때문이겠지만, 마치 작은 난초
무리가 숲속 여기저기로 옮겨 다니는 것처럼 느껴진다. 숲 어귀에
있는 짖는사슴의 좁은 통로를 따라 중앙 산책로 왼편에 꿀벌난초가
한둘 자라곤 했지만, 최근 들어 그 지점의 나무들이 너무 커졌다.
난초는 직사광선이 비치거나 적어도 어른어른하게 햇빛이 드는
지점을 선호하며 광량이 적은 장소에서는 제대로 자라지 못한다.
그러다 보니 지난 2년간은 숲에서 난초를 구경도 못 했다. 내가
검은수레국화 이삭 속에서 동면하는 무당벌레들을 발견했던 숲
끄트머리의 산책로에서 이따금 꿀벌난초 한두 송이가 고개를
내밀기도 하지만, 항상 볼 수 있는 광경은 아니다. 혹시 산책로
잔디를 깎을 때 난초가 잘려 나가진 않을까 걱정스럽기도 하다.
　　막내딸과 나는 함께 난초 추적에 나서기로 한다. 우선

이끼로 뒤덮인 산사나무 군집에서 출발해 내가 작년에 꿀벌난초
꽃대 몇 개를 발견한 풀밭 끄트머리로 걸어가 본다. 우리는 꽃 핀
야생당근, 토끼풀 무더기, 살갈퀴 덤불을 찾았지만 난초는 찾지
못했다. 숲 둘레 길을 따라가며 살펴봐도 역시 난초는 보이지
않는다. 딸아이는 작은 채집망을 가져왔다. 바위 웅덩이에서
놀 때 새우나 게를 잡기 위한 것인데 여름이면 나비를 잡는 데
쓰인다. 한동안 우리는 난초 생각을 잊고 날아다니는 사냥감을
쫓는다. 갈색초원나비*meadow brown*, 연푸른부전나비*common blues*,
유럽처녀나비*small heath*, 뱀눈나비*speckled wood*, 큰흰나비. 아이는 채집망
그물로 살며시 나비를 붙잡아 열심히 들여다보고, 다음번에도 그
빛깔과 날개 무늬를 알아볼 수 있을 만큼 기억했다 싶으면 도로
놓아준다. 사실 나비 날개를 다치게 할까 봐 조심하느라고 실제로

유럽처녀나비

꿀벌난초

잡은 나비는 한두 마리뿐이다. 하지만 우리 둘 다 이 놀이에 푹
빠져서 금세 시간 가는 것도 잊어버린다.

한여름이라 등에 와 닿는 햇볕이 뜨겁다. 차가운 음료수
생각이 간절해져서 우리는 슬슬 집으로 돌아간다. 그때 오솔길 옆에
야생당근이 무성하게 우거진 곳, 지난 12월 오목눈이 떼를 보았던
지점에서 꿀벌난초가 보인다. 이 자리에서는 한 번도 본 적이
없는데. 나는 딸에게 이 꽃의 형태가 얼마나 독특하게 진화했는지
설명해준다. 이런 진화의 목적은 짝짓기를 하려는 꿀벌(특히
단생벌)이 꽃을 다른 꿀벌로 착각하고 이끌려 와서 꽃가루를 다른
꽃으로 옮기게 하는 것이다. 이제 꿀벌난초는 지중해의 일부
개체군을 제외하면 자가수분$^{+}$으로 번식하지만, 아이는 내 이야기에
푹 빠져서 쭈그리고 앉더니 한동안 꽃을 들여다본다.

"꿀벌난초 날개는 분홍색이네!" 아이가 외친다. "나 분홍색
날개가 있는 꿀벌도 보고 싶어."

"나도 그래." 내가 대답하고, 우리는 다시 집을 향해
걸어간다. 오솔길에 앉아 햇볕을 쬐던 작은 쐐기풀나비*tortoiseshell
butterfly*를 잡으려고 한두 차례 발길을 멈추기도 하면서.

✤   수술에서 나온 꽃가루가 같은 꽃의 암술머리에 붙어 열매나 씨를 맺는 일.

개양귀비
Field poppy

야생 회향
Wild fennel

좁은잎해란초 *Toad flax*

길뚝개꽃 *Corn chamomile*

7월
◇◇◇◇◇◇◇

July

야생당근이 꽃을 피우고
점박이나방이 팔랑거리다

아마 *Common flax*

검은수레국화
Common lnapweed

솔체꽃 *Field scabious*

3월과 4월 내내 앓은 탓에 내 사회적 자존감이 쪼그라든 모양이다.
가까운 친구들조차 피하고 싶은 욕구가 일 년 전보다도 한층
커져서, 정신을 차려보니 어느새 반쯤 은둔자가 되어 있었다.
우울증에 흔히 따르는 결과이자 느리고 교묘하게 진행되는
현상이다. 우울증이라는 검은 개가 내 머릿속에 숨어들 때면
그와 동반하는 자기 비하적 생각 때문에 집 밖으로 나가 대화에
참여하는 게 감당할 수 없는 일처럼 느껴진다. 우울증은 나를
이렇게 밀어붙인다. '너한테는 재미있는 얘깃거리도 없잖아',
'외출해봤자 무의미해', '친구들과 약속 같은 건 **아예** 잡지 않는
편이 나아'. 이것 역시 무쾌감증의 또 다른 형태다. 우울증 환자는
인생의 다양한 양상을 즐기는 능력을 빼앗긴다. 그로 인해 사회
활동에 타격을 입게 되면 고립에 빠지며, 사회적 자존감은 더더욱
손상된다. 이처럼 깨뜨리기 힘든 악순환은 우울증에 정신을

종속시킨다. 나는 자신에게 핑계를 댄다. '난 할 일이 있어',
'일러스트를 완성해야 해', '그러니까 친구들을 만날 시간이 없어'.
하지만 솔직히 말하면 친구들과 보내는 즐거운 시간과 웃음을 굳이
거부하려는 행동이 봄에 겪었던 병의 여파임을 나 역시 알고 있다.

7월은 작열하는 무더위로 시작된다. 야외 활동 자체가
어려워지면서 바깥 산책도 뜸해진다. 7월 첫 주는 지난 몇 년
중에서도 가장 햇살이 환하고 풍부한 시기였다. 창밖의 맑은
날씨를 내다보는 것만으로 기분이 바뀐다는 사람들도 있지만,
햇빛의 기분 상승효과는 그것이 망막이나 피부에 직접 닿아야만
실현되기 마련이다. 나는 지금이 1월인 것처럼 실내에 틀어박혀
폭염을 피한다. 서늘한 오두막 안에 머물고 싶은 욕구에 자발적
고립이 더해지자 마치 나 혼자 세상에서 떨어져 나온 것처럼
느껴진다. 은둔자가 되고 싶은 바람에 계속 굴복했다가는
다시 사회 활동을 시작하기 어렵겠다는 생각이 든다.

나를 행동하게 만든 것은 트위터다. 우리
동네로부터 겨우 몇 킬로미터 떨어진 위큰 습지에서
반딧불이 떼가 목격되었다고 한다. 나는 친구이자
동료 생물학자인 레이철에게 문자를 보내서 야간
산울타리 반딧불이 탐사에 나설 생각이
있냐고 물어본다. 반딧불이는 딱정벌레의

한 종류다. 짝짓기 철이 되면 반딧불이
암컷은 루시페라제*uciferase*라는 발광효소로 복부에서
녹색 불빛을 내고, 수컷은 그 작은 불빛 신호를 보고
암컷을 찾아 나선다. 딱정벌레들의 깜찍하고 음란한 조명
축제라고나 할까. 나는 토스카나에서 반딧불이를 본 적이
있지만 영국에서는 아직 한 번도 보지 못했다. 레이철과 나는
각자 딸을 데리고 습지를 횡단하는 탐사에 나선다.

　　우리가 작은 목조 다리를 건너 위큰의 습지 보호구역에
들어설 무렵 황혼이 내린다. 벌써 모험을 떠나는 기분이 든다.
왠지 신나면서도 마음이 느긋해지는 것 같다. 몇 주 동안 좋은
친구와 자연과의 만남에 굶주려 있던 나는 그 박탈감의 부정적
여파가 사라지는 것을 느낀다. 우리는 거의 동시에 머리 위의
잠자리 떼를 목격한다. 잠자리들이 비엔나소시지처럼 길게 줄지어
넓은 오솔길을 선회하고 있다. 어두워서 확실하진 않지만 아마
영국에서도 가장 대형 잠자리에 속하는 별박이왕잠자리*southern*
*hawker*일 것이다. 나방도 그사이에 섞여 날고 있다. 눈앞에서
잠자리 한 마리가 나방을 쫓아가지만, 나방은 이 재빠른 암살자를
알아보고 얼른 갈대밭 속으로 숨는다. 관광 안내소에서 겨우 몇
미터 들어왔을 뿐인데 난 이미 이곳에 반했다. 우리의 시선은
점점이 흩뿌려진 녹색 불빛을 찾아 땅바닥을 훑는다.

우리는 잔디 오솔길을 따라 갈대밭 사이를 지나가다가
교차로에서 왼쪽으로 꺾는다. 문득 한참 떨어진 나무들 사이에서
웅웅거리는 소리가 들려온다. 아득하지만 뚜렷한 그 소리는
재봉틀의 진동 같기도 하고 드릴이 내는 고음 같기도 하다. 나는
그것이 쏙독새*nightjar* 소리임을 깨닫고 흥분한다. 매년 이맘때면
우리 집과 가까운 브레클랜드에서도 쏙독새가 짝을 찾아 쏙쏙쏙
우는 소리를 들을 수 있다. 쏙독새는 정말로 매혹적인 조류다.
특이하게도 땅바닥에 둥지를 틀며, 깃털에는 나무껍질과 이끼를
쏙 빼닮은 섬세한 얼룩무늬가 있어서 낮 동안 나뭇가지에 앉아
쉬어도 좀처럼 눈에 띄지 않는다. 넓죽한 분홍색 주둥이 때문에
두꺼비와 닮아 보이는 쏙독새는 6, 7월의 황혼이면 거대한 나방처럼
황야와 삼림지대의 공터를 날아다니며 매혹적인 짝짓기 춤을 추고
기계적인 느낌의 진동음으로 서로를 부른다.

산토끼나 쥐며느리처럼 독특한 생김새나 행태로 유난히
인간의 상상력을 자극하여 애칭을 얻게 되는 생물들이 있는데
쏙독새도 이런 부류에 속한다. 왕립애조협회는 '나방 매*moth hawk*',
'밤 제비*night swallow*', '면도칼 숫돌*razor grinder*', '하늘 두꺼비*flying toad*'
등 영국에서 쏙독새를 가리키는 별명을 34개나 수집했다. 그중에서
가장 일반적인 '나이트자*nightjar*'는 이 새의 인상적인 울음소리에서
비롯된 지역 명칭인 '나이트처*night chur*✛'의 변형으로 추정된다.

✛   chur는 영어로 쏙독새 울음소리를 가리키는 의성어다.

쏙독새

인터넷으로 확인해보니 최근 위큰에서 쏙독새를 보았다는 사람은
없지만, 결코 착각할 수 없는 이 독특한 울음소리를 셋퍼드*Thetford*
숲에서 들은 적이 있기에 나는 살짝 혼란스럽다.

    나와 딸아이는 미처 모기 생각을 하지 못했다. 레이철은
현명하게도 모기기피제를 온몸에 듬뿍 뿌리고 나왔지만 나는
민소매 윗도리에 청바지와 샌들 차림이다. 머리 주위에서 높다란
윙윙 소리가 끊임없이 이어지고 어깨와 등, 두 발이 불길하게
따끔거린다. 아무래도 우리가 걸어 다니는 모기 밥상이 된
모양이다. 사방이 어두워진 터라 모기를 알아보기는 불가능하지만
곁에 있는 모기떼를 상상하는 건 어렵지 않다. 근질대는 피부에도
불구하고 나는 기세를 꺾지 않고 반딧불이를 찾아 나선다.
우리는 중앙에서 조금 떨어져 습지를 둘러싼 통행로를 따라가며
탐색하기로 한다.

통행로를 따라 걷다 보니 머리 위 하늘에 반짝이는 불빛
하나가 보인다. 별 관측 애플리케이션으로 확인해보니 목성이다.
우리가 잠시 목성을 올려다보는 동안 새 두 마리가 어두운 하늘을
날아간다. 나는 그들의 윤곽선에 흥미를 느끼고 좀 더 꼼꼼히
살펴본다. 새들의 목과 다리가 믿어지지 않을 만큼 길쭉하다.

황새

거위인가? 아니면 백조? 아니다, 이 새들은 몸보다도 다리가
더 길다. 인터넷으로 검색해보니 지난주 위큰에서 황새*stork*를
목격했다는 이야기가 나온다. 황새라니! 황새는 이국적인 굴뚝
서식자, 머나먼 곳에 사는 껑다리 새라고만 생각했는데. 영국
조류보호협회의 추산에 따르면 번식 가능한 황새는 영국 전역을
통틀어 겨우 10쌍 정도라고 한다. 나는 아찔해진다. 저물녘 하늘을
날아가는 지극히 희귀한 조류와의 예기치 못한 만남은 최근까지의

은둔에서 벗어난 나를 위한
특별 환영 행사 같다. 지난 몇
주간의 칩거도, 나 자신에게
강요해온 쓸쓸한 고립도
어느새 머릿속에서 사라진다.
나는 소중한 친구와 함께 아름다운
곳에 와 있고 우리 주위에는 온통 야생의
풍경이 있다.

금눈쇠올빼미

　　　레이철과 나는 두 딸과 함께 차로
돌아간다. 반딧불이는 못 보고 모기의
배만 실컷 불려준 셈이다. 주차장에
들어서자마자 눈앞에서 작은 올빼미가
산울타리의 떡갈나무를 향해 날아가는 모습이 보인다. 또 하나의
유쾌한 광경이다. 올빼미가 울기 시작한다. 무심하고 살짝 쉰
듯한 휘파람 소리다. 그때 망원경을 든 사람이 주차장으로 걸어
들어오기에 나는 혹시 오늘 저녁에 반딧불이를 보았는지 물어본다.
그는 반딧불이는 못 보았지만 통행로에 쌓여 있는 울타리 말뚝
무더기 옆에서 밥을 먹는 금눈쇠올빼미 가족을 보았다고 한다.
나는 떡갈나무에서 들려오는 올빼미 울음소리에 귀를 기울이면서
그에게 아까 습지에서 들었던 소리에 관해 물어본다. 듣자 하니

최근 몇 주 동안 위큰에서 쏙독새를 보았다는 얘기가 많았던
모양이다.

모기 탓에 우리는 습지에서 겨우 30분을 보내고 어쩔
수 없이 차로 돌아와야 했다. 그러니 그사이에 황새, 잠자리,
금눈쇠올빼미, 쏙독새까지 보았다는 것은 훌륭한 성과인 셈이다.
내 기분은 완전히 바뀌었다. 짤막한 한밤의 모험 덕분에 내가 벌써
한여름이 되었는데도 얼마나 깊고 아득하게 가라앉아 있었는지
새삼 깨달았다. 나는 자신의 부주의함을 원망한다. 내가 기분
저하의 잿빛 민달팽이를 적극적으로 막으려는 노력을 멈추고
외면하던 사이에 그놈이 다시 울타리 아래로 미끄러져 들어온
것이다. 나는 다시 날마다 산책을 나가겠다고 다짐한다. 나에게는
자연에 몰두하고 친구와 함께 보내는 시간이 아주 많이 필요하다.
그것도 지금 당장.

다음 날은 더워서 야외에서 시간을 보내기가 불가능하다.
보도블록과 자갈이 너무 뜨거워 맨발로 내딛지 못할 정도다.
레이철은 점심을 먹으며 자기네 정원의 부들레야꽃을 찾아온
나비 얘기를 들려준다. 그늘진 부엌을 벗어나 정원으로 나가려니

마치 벽난로 속에 뛰어드는 심정이지만, 이곳 정원에는 만개한
부들레야가 다섯 송이나 있고 나는 나비를 직접 보겠다고
결심했다. 눈앞의 길쭉한 자주색과 흰색 꽃 무더기 속에서
꿀을 빠는 공작나비 세 마리와 흰나비 너덧 마리가 보이고,
붉은제독나비 한 마리도 거기에 가담한다. 나는 한동안 멈춰 서서
분주한 곤충들의 카페를 바라보다가 더는 더위를 못 견디겠다
싶어지자 부엌 출입문으로 향한다. 그런데 덤불 꼭대기 가까이
핀 꽃에 또 한 마리의 커다란 나비가 날개를 접고 앉아 있는 게
보인다.

날개 바깥쪽의 빛깔과 무늬가 기억 어딘가를 자극한다.
그것이 내가 지난 2년간 정말로 보고 싶어 했던 나비일지도
모른다는 생각에 나는 나비에게 날개를 펼쳐달라고 말을 걸기
시작한다. 레이철이 당황하며 누구한테 이야기하는 거냐고 물어서
나는 나비한테 이야기하는 중이라고 솔직히 말한다. 나비가
날개를 펼치자 날개 안쪽이 보인다. 처음에는 붉은제독나비인가
했지만 아니다. 어딘가가 살짝 다르다. 전체적으로 색채가
조금 덜 선명하다고 할까. 붉은색과 흑백이 아닌 주황색과
갈색, 흰색이다. 나는 너무 기뻐서 춤이라도 추고 싶다. 그렇다,
작은멋쟁이나비*painted lady*다.

이 나비는 모로코에서 스페인을 경유해 잉글랜드 동부의

작은멋쟁이나비

레이철네 집 부들레야까지 여행해 왔다. 무려 7,200킬로미터에
이르는 대장정의 목적은 작은멋쟁이나비 애벌레의 몸속에
알을 낳는 천적인 작은 기생벌에게서 달아나는 것이다.
작은멋쟁이나비를 다룬 BBC 다큐멘터리를 통해 그들의 놀라운
여정에 관해 알게 된 뒤로 나는 계속 이 나비에 열광해왔다. 나비는
부들레야에서 날아오르더니 오두막 지붕을 넘어 날아간다. 저
나비를 따라가 생애의 다음 단계를 지켜보고 싶다. 밝고 선명한
날개 무늬를 보니 갓 성체가 된 나비로, 곧 짝짓기 준비에 들어갈
것이다. 작은멋쟁이나비가 늦여름에 영국에서 짝을 지으면 그다음
세대가 가을에 모로코로 돌아가는 것이다.

　　건조한 날씨가 이어지면서 영국 전역에서 벌과 나비의 개체
수가 불어난 듯하다. 우리 집 정원과 잔디가 무성한 길가, 숲속에
벌과 나비가 이만큼 많았던 적이 없다. 지난 5년간 곤충의 생식에
부정적 영향을 미치는 살충제인 네오니코티노이드*neonicotinoid*의

사용이 줄어든 것도 곤충의 뚜렷한 증가에 기여했는지 모른다.
물론 나의 관찰은 아주 작은 샘플일 뿐이지만 트위터를 보면
박물학자를 비롯한 여러 사람에게서 비슷한 증언이 나오고
있다. 다소 섬뜩한 또 하나의 증거는 최근 몇 주간 차 앞창에
부딪혀 죽은 곤충 사체의 수가 증가했다는 것이다. 고속도로를
주행한 이후에는 더욱 그렇다. 정말로 곤충의 수가 늘어났다면,
올여름 한 철의 건조한 날씨 외에 다른 원인도 존재할까? 이와
관련된 '빅 버터플라이 카운트*The Big Butterfly Count*[*]'라는 주민 과학
프로젝트가 7월에 발족되었지만, 모든 통계가 분석되고 열성적인
자원봉사자들이 중요한 수치계산을 마치려면 몇 달은 더 기다려야
할 것이다.

영국의 야생화 목초지 중 지금까지 보존된 곳은 단
3퍼센트에 불과하다. 대부분은 개간되어 집약농업 용지로
바뀌었고, 내가 지난 6월 로즈엔드 초원에서 목격했던 복잡한
생태계와 광범위한 식물 다양성도 파괴된 상태다. 하지만 영국의
자연에도 아직 푸르른 초목이 존속하고 야생동식물이 번성하는
장소가 있다. 아직 제초제나 살충제로 처리되지 않은 일부

[*] 사람들이 각자 특정한 공간에서 15분간 나비 수를 세어 신고하고 영국 전체에서
일 년간 모인 자료를 분석하는 프로젝트.

도로변 땅이 기다란 초원으로 남아 있는 것이다. 나는
이스트본Eastbourne 근처의 도로변에서 자라난 손바닥난초
수백 포기와 케임브리지 공항 고속도로 주변 잔디밭에
솟아난 꿀벌난초 수십 포기를 보았다. 고속도로를 따라
잠두 군집과 노란구륜앵초 수천 포기가 서식하는 것을
보았으며, 올해는 소엄 근처의 간선도로에서 놀라울
만큼 많은 야생당근꽃 무더기를 발견하기도 했다. 이런
도로변 땅은 의도적으로 야생화 씨앗을 뿌린 곳들로,
내가 지난 5월 노란구륜앵초 사진을 찍었던 장소 역시
같은 경우다.

나는 소엄 우회도로 근처의 톨게이트에 차를
세우고 도로 주변의 좁은 초원을 따라 걷는다. 이곳에
피어난 풍성하고 다양한 꽃을 찬찬히 살펴보기
위해서다. '앤 여왕의 레이스'라고도 불리는 야생당근은
아름다운 산형과 식물로 여러 꽃가루받이 곤충의 주요
식량 공급원이기도 하다. 납작하고 섬세한 프랙털✢
구조의 꽃차례는 측면에서 보면 타원형에 가까우며,
태양을 향하는 해바라기와 달리 각각의 꽃송이가
조금씩 다른 각도로 피어난다. 그래서 야생당근꽃
무더기는 조그만 꽃송이들의 은하로 가득한 밤하늘의

✢   임의의 일부분이 전체 형태와 닮은 구조. 구름 모양이나 해안선 등에서 볼 수 있다.
→   케임브리지셔 둘링햄 근처의 길가에 자라는 솔체꽃.

일부분을 확대한 것처럼 보인다.

스와팜 불벡*Swaffham Bulbeck*이라는 마을 근처의 도로변을 차로 지나는데 문득 고운 자줏빛 안개 같은 것이 눈에 들어온다. 차들이 시속 95킬로미터로 지나쳐가는 곳에서 겨우 30센티미터 떨어진 지점에 솔체꽃*scabious*이 피어나 있다. 카메라에 담을 수 있을 만큼 꽃들에 접근하기란 쉬운 일이 아니었지만, 일단 가까이 가니 야생화 군집이 정말로 경이로운 광경을 이루고 있다. 차들이 지나가는 사이사이 먹을 것을 찾아 솔체꽃을 방문한 벌과 꽃등에가 윙윙대는 소리가 들려온다. 좁다란 초원에 서 있으니 풀 사이로 개양귀비, 서양톱풀, 민들레, 사양초 이삭, 헨리시금치와 검은수레국화 등 잡다하고도 풍요로운 야생화들이 보인다.

나는 분주한 직통도로와 광대한 집약농업 지대 사이에 파고든 이 서식지를 보면서 경탄한다. 영국 전역에 걸쳐 수천 미터의 그물망처럼 얽혀 있는 이런 좁은 초원 지대는 식물 다양성을 보전하여 곤충, 참새류, 맹금, 올빼미, 포유동물과 더불어 파충류의 존속 기반이 되어줄 것이다. 유감스럽게도 지역 당국이나 농부들은 종종 이런 곳에서 살아가는 야생동식물은 고려하지도 않고 도로변 땅을 벌초해버린다. 작년에 케임브리지 공항 울타리로부터 겨우 몇 미터 떨어진 곳에서 옥스아이데이지에 섞여 발아했던 꿀벌난초 30여 포기는 씨앗도 맺기 전에 산업적 벌초꾼들 손에 제거되었다.

난초를 발견했을 때 곧바로 당국에 알렸어야 했는데. 나는 그들을
구해내기 위해서라면 연좌 농성도 불사했을 것이다. 플래카드도
직접 그렸을 테고.

　　7월 내내 트위터 타임라인에는 페르민*Fermyn* 숲에서
촬영했다는 나비 사진이 올라온다. 지금까지 참고 서적에서만
보아온 다양한 종들이다. 우리 동네에서 차로 겨우 한 시간 조금
넘게 걸린다니 거부하기에는 너무도 유혹적이다.

　　주차장에서 페르민 숲 관광 안내소까지
걸어가는 길만 보면 이곳이 정말로 야생화를
관찰할 수 있는 장소가 맞는지 헷갈린다.
모래밭, 그네, 미끄럼틀을 갖춘 널따란
놀이터가 있고 유아원에서 단체로 놀러 나온
듯한 아기들이 잔디밭에 앉아서 샌드위치를
먹으며 신나게 재잘거리고 있다. 사랑스러운
광경이지만, 아무래도 아이들이 와서 놀기
좋은 곳이 희귀한 야생동식물 서식지가 될
수는 없겠지. 하지만 내 생각이 틀렸다.

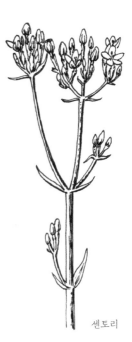

센토리

몇 미터 더 걸어가니 '고원'이라 불리는 장소가 나온다.
가파른 모래흙 오솔길을 올라가야 하는 풀이 무성한 황야
지대다. 황야에 들어서자마자 풀 위로 낮게 나는 곤충 하나가
눈길을 사로잡는다. 점박이나방이다. 나방이 내려앉은 키 큰
서양가시엉겅퀴꽃 위에는 또 한 마리의 점박이나방이 기다리고
있고, 두 마리는 짝짓기를 시작한다. 그러는 사이 날개에 흑백
체크무늬가 있는 나비 한 마리가 풀줄기 사이에서 솟아오르더니
내가 서 있는 오솔길을 넘어 고원으로 날아간다. 조흰뱀눈나비*marbled
white*다. 지금까지 딱 한 번 동네 숲속 공터에서 목격한 적 있는
인상적인 곤충이다. 그러니까 이 서식지에 들어온 지 몇 초 만에
올해 들어 처음 보는 강렬하고 아름다운 곤충 두 종류와 마주친
것이다.

나는 주위를 둘러보면서 이곳의 식생이 로즈엔드 초원과는
전혀 다르지만, 풍부함에서는 그곳에 필적한다는 사실을
알아차린다. 풀줄기 사이로 노랗고 뾰족한 등골짚신나물*agrimony*
꽃과 섬세한 별 모양의 길뚝개꽃이 피어 있다.《영국 식물 컬러
소사전》58번 도판에서만 보았던 아름다운 분홍빛 센토리*centaury*
무더기와 자줏빛 얼룩 같은 검은수레국화꽃이 눈에 띈다.
솜방망이*ragwort* 줄기에는 진홍나방*cinnabar moth* 애벌레가 앉아
있는데, 경쾌한 노란색과 검은색 줄무늬가 마치 나비들의 축구팀

←   노샘프턴셔에 위치한 페르민 숲 지역공원의 서양가시엉겅퀴 위에서 짝짓기를
       하는 점박이나방.

유니폼 같다. 나는 오솔길을 따라 거닌다. 열기가 못 견딜 만큼
뜨겁지만 풀밭 위로 나비들이 끝없이 날개를 팔랑거리며 나타난다.
가락지나비*ringlet*, 문지기나비*gatekeeper*, 갈색초원나비, 유럽처녀나비,
꼬마팔랑나비*small skipper*, 조흰뱀눈나비. 거기다 평생 본 것보다도 더
많은 점박이나방*six-spot burnet*과 구두점처럼 풀줄기 위에 남아 있는 텅
빈 번데기 껍질들.

어린 시절 《나비 나방 백과*Guide to Butterflies and Moths*》를
골똘히 들여다보며 직접 보길 열망했던 온갖
나비들이 지금 내 눈앞에 있다. 이건 환상이
아닐까. 이곳에 있으니 마음이 하늘로
붕 떠오른다. 차례차례 새로운 나비들이
나타나 주변의 수백 제곱미터 땅에서
아찔한 조합을 만든다. 나는 그 광경을
마음껏 눈으로 음미한다. 그러는 동안
다른 생각은 모두 낮고 아득하게
가라앉는다. 문득 지금 내가
하는 걸 '황야욕'이라고 불러도
되겠다는 생각이 든다. 어두운
생각을 말끔히 치워버리는
데 산림욕만큼이나 효과적인

진홍나방 애벌레

것 같으니 말이다. **지금 이 기분**을 붙잡아둘 수 있다면, 나를
에워싼 야생식물과 곤충 들로부터 느끼는 이 절대적 환희를 병에
담아두었다가 우울증으로 쓰러져 집을 나설 기운이 없을 때 열어볼
수 있다면 얼마나 좋을까. 지난 4월에 거실 창밖으로 새를 관찰한
것은 우울증을 달래는 데 도움이 되긴 했지만, 그건 말하자면
이부프로펜 한 알로 부러진 다리의 통증을 가라앉히려는 것과
같았다. 그에 비교하면 페르민 숲의 효력은 아편이나 마찬가지다.

8월

August

사양채잎이 돋고
야생 자두가 익어가다

말로스 해변에서
발견한 것들.
(자갈은 제자리에 돌려놓았음)

내가 네 살이었던 해부터 8년 내내 우리 가족은 웨일스 서부의
펨브로크셔 해안에서 여름휴가를 보냈다. 리버풀*Liverpool*에서
펨브로크셔까지는 여섯 시간도 넘게 걸렸기 때문에 내게는
그곳이 지구상에서 가장 먼 장소처럼 느껴졌다. 웨일스 해안에서
보내는 2주는 일 년 중에서도 드물게 온 가족이 편안하고 즐겁게
보내는 시기여서 더욱 특별했다. 나에게 펨브로크셔는 마치 모든
것이 좋게 변하는 행복한 마법 세계처럼 보였다. 그곳에 가면
밤늦게까지 깨어 있어도 될 뿐만 아니라 심지어 **저녁 식사 후에도**
바닷가에 놀러 나갈 수 있었다. 황혼까지도 열려 있던 상점들이
기억난다. 저녁인데 쇼핑을 할 수 있다니! 스페인 혹은 미국에나
있을 것 같은 엄청나게 신기하고 이국적인 광경이었다.

　　한밤의 모험 뒤에 차를 타고 돌아와 잠자리에 드는 것,
그리고 일어나서 아침 식사를 하는 것은 여름휴가의 가장 근사한

순간이었다. 차창 밖으로는 자기 볼일을 보느라 바쁜 온갖
야생동물이 보였다. 박쥐, 토끼, 나방 떼, 올빼미, 그리고 한 번은
오소리도 보았다. 다른 가족도 동물들의 존재를 알아차렸는지는
모르겠지만, 난 항상 어둠 속에서 동물들을 잘 알아보려고 최대한
등을 곧추세우고 목을 길게 뺀 채 앉아 있곤 했다. 웨일스에서
최초로 목격한 한밤의 야생동물들은 나를 매혹했고 이후로도 줄곧
내가 어둠을 두려워하지 않게 해주었다. 심지어 지금까지도 나는
밤중에 잠이 오지 않을 때면 오두막집 뒤쪽 숲에 있는 우거진
야생의 도시를 생각하며 위안을 얻곤 한다. 올빼미 울음소리에는
가장 심각한 불안, 새벽 세 시면 떠오르는 무시무시하고
신경질적인 상념까지도 몰아내는 힘이 있다.

    펨브로크셔 해변의 바닷물은 멕시코 만류 덕분에 따뜻하며,
그래서 이 지역의 바위투성이 해안선은 영국 전역에서 손꼽힐
만큼 풍요로운 생물다양성을 가진다. 1991년에 대학생이었던
나는 밀퍼드헤이븐*Milford Haven* 근처의 세인트앤스 곶*St Ann's Head*에
있는 데일*Dale* 요새로 현장 탐사를 하러 갔다가 그곳에서 발견한
생물종의 다양함에 깜짝 놀랐다. 군소라고도 하는 대형 갈색
바다달팽이, 작은 주황색 해면, 잘 부서지는 불가사리, 게다가
해마의 사촌뻘인 길고 가느다란 실고기까지 있었다. 바위 웅덩이의
해초 사이에 숨은 실고기는 마치 살아 있는 구두끈처럼 보였다.

해양생물에 관해 아는 게 별로 없던 어린 시절에도 나는
바위 웅덩이에 **엄청나게** 흥미로운 것들이 산다는 걸 알고 있었다.
휙 움직이고 꿈틀대고 꾸물거리는 온갖 생물들은 조심조심 그물로
잡아서 양동이에 넣어도 계속 꿈틀꿈틀 꾸물거렸다. 일곱 살 때는
늦게 자도 된다는 허락을 받고 당시 처음 방영되었던 BBC의
〈라이프 온 어스*Life on Earth*⁺〉를 시청하곤 했다. 고래와 돌고래,
산호초에 사는 화려한 물고기 떼의 수중촬영 영상이 기억난다.
펨브로크셔의 바위 웅덩이에서 찾아내 잠시 양동이에 담아 두곤
했던 작은 생명체는 나에겐 텔레비전에 나오는 어마어마한
해양생물만큼이나 매혹적인 존재였다.

1979년인가 1980년의 어느 여름에 나는 신기한 무늬가
있는 조약돌을 주웠다. 조약돌에는 작고 뾰족한 화산 같은
것이 튀어나와 있었는데 주변의 바위에 있는 것과도
비슷했다. 조약돌이 마음에 든 나는 그것도 양동이에
집어넣었다. 내가 만든 작은 웅덩이에 갇힌 새우와
게들이 꿈틀대는 걸 지켜보고 있을 때, 무언가 아주
미세하게 움직였고 조약돌이 살짝 흔들리는 것처럼
보였다. 나는 조금 전에 본 것이 진짜인지
아니면 물결 때문에 일어난 착각인지
궁금해하며 좀 더 다가가서

⁺   동물학자 데이비드 애튼버러가 해설한 자연 다큐멘터리 시리즈.

양동이를 들여다보았다. 그때 작은 화산의 꼭대기가 뚜껑 문처럼
활짝 열리더니 가느다란 분홍빛 술 모양 촉수들이 손아귀처럼 불쑥
튀어나왔다. 촉수들은 위쪽의 물을 훑다가 일제히 뚜껑 문 속으로
사라지기를 반복했다. 〈라이프 온 어스〉에서 본 것과 비슷한 장면이
눈앞에서, 그것도 내가 모래밭에 쪼그려 앉아 들여다보던 반 리터
분량의 바닷물 속에서 일어난 것이었다. 그렇게 짜릿한 경험은
놀이동산에서 롤러코스터를 탔을 때를 제외하면 처음이었다.

　　　　방금 내가 목격한 것이 엄청나게 중대한 일이라고 생각했던
기억이 난다. 양동이 안에서 사소하지만 놀라운 사건, 뉴스에
나와야 마땅할 경이로운 일이 일어나고 있다고 생각했다. 내가
목격한 작고 희한한 생물이 펨브로크셔의 바위 해안에 수백만
마리나 서식하며, 바닷물 속 플랑크톤을 잡아먹는 매우 흔한
따개비 종류였다는 걸 알고 나서도 경외감은 전혀 손상되지
않았다. 나는 나의 존재 여부와 관계없이 행동하는
매혹적인 생명체를 목격했다. 그것은
자연과의 접촉, 화사한 빛깔의
플라스틱 양동이 속에 살아 숨
쉬는 야생의 흔적이었다. 나는 그
체험에서 희열을 느꼈고 비슷한
체험을 더욱더 많이 하길 원했다.

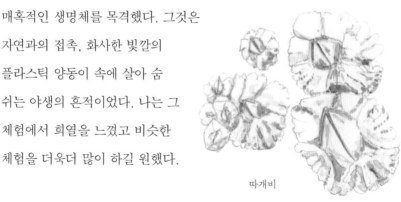

따개비

펨브로크셔에서 보낸 여름날은 내 평생 가장 행복한
시간이었다. 어린 시절 그곳에서 접한 다양한 동식물과 해변을
탐험하며 느낀 비일상적 자유로움 때문에 나는 펨브로크셔를
생각할 때마다 만족감과 강렬한 자연의 경이를 떠올린다.

8월이 되자 문득 지난 3월 민스미어에서 새 떼를
관찰한 이후로 바다를 보지 못했다는 사실이 떠오른다. 집에서
가까운 서펙과 노퍽*Norfolk* 해안도 좋지만, 웨일스 남부 해안은
마치 사이렌의 노래처럼 자꾸만 나를 잡아끄는 매력이 있다.
브로드헤이븐*Broad Haven*, 말로스*Marloes*, 사운더스풋*Saundersfoot*, 데일,
보셔스턴*Bosherston* 같은 지명들조차 매혹적이다. 그곳에서 바위
웅덩이 속을 오가는 작은 생명체들을 관찰하고 해안선을 따라가며
보물찾기에 나서고 싶다. 바닷가에, 특히 펨브로크셔 해안에 서면
느껴지는 정신적 안도감에 파묻혀 한숨을 내쉬고 싶다. 심각한
우울 증상으로부터 심신을 회복하는 과정은 때로 무척 길어지기도
한다. 나는 봄 이후로 줄곧 지쳐 있고 아직도 완전히 낫지는
않았다. 그래, 서쪽으로 가자.

나는 여행 시간을 잘 계산해서 해가 지기 몇 시간 전에
도착할 수 있도록 한다. 펨브로크셔에서의 첫날 저녁에는 꼭
바닷가를 찾아가야 하니까. 내가 머물기로 한 외양간을 개조한
작은 집의 소유주는 와이즈맨스브리지*Wiseman's Bridge* 해안으로 가는

길을 알려준다. 어린 시절의 여름휴가 동안에도 전혀 가본 적 없는
곳이다. 바닷가를 향해 차를 몬다. 몇 분 지나지 않아 웨일스의
도로변에서 흔히 볼 수 있는 높다란 산울타리가 눈에 들어온다.
어릴 적 여름날의 기억에 선명하게 남아 있는 풍경이다. 매년
이맘때면 산울타리 여기저기에 좁은잎해란초*toadflax*의 노란 꽃,
서양톱풀의 하얀 꽃과 자줏빛 솔체꽃이 피어난다.

　　10분 정도 차를 몰고 가니 길이 해안을 향해 구불구불
내려가기 시작한다. 기대감이 커진다. 잠시 후면 해안을 걷게
되겠지. 어린아이가 된 것처럼 머릿속이 아찔해진다. 내가 연이
되어 하늘로 휙 날아오를 것만 같다. 해안에서 1, 2미터 거리를
두고 차를 세운다. 눈앞에 바다가 펼쳐져 있다. 바다. 모래톱으로
걸어 들어가니 분홍빛과 잿빛의 납작한 자갈이 깔린 통행로가
나온다. 파도에 둥글게 깎인 자갈들이 바다를 향해 걸어간 수많은
발에 짓눌려 모래 깊숙이 파묻혀 있다. 자갈 위에 여기저기 마른
해초가 흩어져 있고, 나는 몇 분이나 자리에 서서 자갈길을
내려다본다.

　　바닷가에서 시간을 보낼 때 나는 탐욕스러워진다. 자갈,
조개껍질, 모래와 그 속에 사는 작은 생물들까지 전부 소유하고
싶다. 해변이 내 뇌의 화학작용에 엄청나게 강력하고 긍정적인
변화를 일으키기 때문에, 그곳의 모든 것을 모아서 앞으로

다가올 힘든 날을 위한 부적으로 집에 가져가고 싶다. 지난 11월
동네 숲에서 자두나무와 산사나무 가지에 달린 열매와 화사한
잎을 보며 느꼈던 식물학적 소유욕의 더욱 강력한 버전이라고
할까. 준보석이나 부드러운 털실 뭉치를 볼 때 느껴지는 것과
같은 욕망, 바닷가 채집 활동에 따른 도파민이다. 이 자갈들을
가져다가 오두막집 안에 늘어놓고 싶다. 곱게 배열해서 조각보를
만들고 자갈 드레스를 지어 입고서 돌아다니고 싶다. 내 모습은
울퉁불퉁한 아르마딜로처럼 보이겠지. 세상에서 가장 근사한
옷차림이 될 거야. 하지만 나는 자갈 사진을 찍는 것으로 만족한다.

　　바다를 향해 걸어가다 보니 어느새 발아래에서 자갈밭
대신 모래밭이 느껴진다. 내 마음은 한층 더 높이 둥실 떠오른다.
오른편에 웅덩이가 여럿 있어서 그쪽으로 꺾어 바위를 타고
올라간다. 어린 시절 자주 그랬던 것처럼 웅덩이 안에 뭐가 있는지
확인해보기 위해서다. 첫 번째로 마주친 바위 웅덩이는 어찌나
작은지 딱 욕실 매트만 하다. 해초가 안감처럼 들러붙어 있는
웅덩이 안을 들여다보자마자 진홍색 빨강해변말미잘*beadlet anemones*이
눈에 띈다. 살짝 경사진 바위벽에 매달려 촉수를 뻗고 느긋하게
플랑크톤이 스치기를 기다리고 있다. 수면이 낮아져 물 위로
올라오게 되면 말미잘은 얼른 촉수를 움츠리는데, 마치 바닷물에
설탕 옷이 녹은 거대한 과일 젤리처럼 보인다.

나는 양동이도 그물도 가져오지 않았다. 어린 시절 그랬던 것처럼 쪼그리고 앉아서 가만히 웅덩이를 들여다볼 뿐이다. 새우 여러 마리가 서로를 쫓아다니고 있다. 모래와 똑같은 색에 희미하게 점박이 무늬가 있어서 가만히 있을 때면 거의 알아볼 수가 없다. 나는 완벽한 보호색의 진화에 경탄한다. 웅덩이 바닥에 놓인 거대한 돌멩이를 들어 올려본다. 기쁘게도 돌멩이 아래에서 게 세 마리가 허둥지둥 튀어나오고, 깜짝 놀란 새우들이 후다닥 해초 속으로 숨어 들어간다. 가장 작은 게는 땅콩만 하고 껍질은 화려한 흑백 무늬로 뒤덮여 있다. 내가 양동이 속에 잡아넣곤 하던 새끼 꽃게*shore crab*다. 성체 꽃게는 웅덩이의 모래 바닥에 자리를 잡고 분주히 다리를 휘젓더니, 어느새 두 눈과 입만 남긴 채 모래 속에 숨어버렸다. 나는 이 소소한 사건을 우울증이 심해지는 시기에 꺼내 볼 수 있도록 머릿속 찬장에 잘 보관해 놓는다.

꽃게

바다에서 첨벙거리고 싶은 마음이 간절해져서 나는 자세를
바꾸어 일어난다. 두 바위 사이의 틈새를 흘끗 쳐다본 순간 내
뇌의 형태 탐색 부위에 반짝 불이 들어온다. '방금 보인 게 뭐지?',
'따개비인가? 고둥의 나선무늬일까?' 나는 몸을 다시 굽혀 찬찬히
들여다본다. 바위에 찰싹 달라붙어 있는 것은 딱지조개*chiton*다. 여덟
조각의 외골격 판이 겹쳐진 소형 연체동물로, 마치 다리가 없는
바닷가의 쥐며느리나 작은 악어가죽 조각처럼 보인다. 지금까지
딱지조개를 본 것은 딱 한 번, 펨브로크셔로 현장 탐사를 왔던
대학 시절이었다. 27년이 지나 또 한 마리를 보니 무언가 깔끔하게
떨어지는 느낌이 든다. 지금껏 발견된 것 중 가장 오래된 딱지조개
화석은 40억 년 전의 것이라고 하니, 녀석은 그야말로 고대 생물의
현대적 후손인 셈이다.

나는 바위 위에 샌들을 벗어놓고 청바지 밑단을 접어 올린
다음 얕은 웅덩이에서 한동안 물장구를 친다. 인간은 민물이든
짠물이든 물에 이끌리게 마련이다. 물은 우리가 생존할 수 있게
해주지만 그 유익함은 단순히 식수와 수분 보충만이 아니다.
해양생물학자 월리스 니컬스*Wallace Nichols*에 따르면, 해안에 서서
바다를 내려다보거나 흘러가는 강물을 지켜볼 때 눈과 뇌는 시각적
자극에서 벗어나게 된다. 뇌를 위한 휴가이자 현대 생활에서 피할
수 없는 부산하고 끊임없는 자극으로부터의 휴식, 일종의 해양

명상인 셈이다. 물살에 발을 맡기고 있는 동안 나는 그것을 분명히 느낀다. 파도가 밀려들었다가 스러져 가는 동안 마음은 차분한 정체상태로 흘러든다. 코바늘 뜨개질이나 스케치를 할 때와 비슷한 기분이다. 내면의 소란이 가라앉고 어두운 생각도 사라진다. 왜 빅토리아 시대의 환자들이 허구한 날 해안에서 지내라는 처방을 받았는지 이해가 된다.

해가 지기 시작하고 바닷가에 황금빛 석양이 내린다. 문득 내가 밥을 먹는 것도 깜박했다는 걸 알아차린다. 자연에 몰두해 있을 때면 흔히 겪는 일이다. 나는 차가 있는 곳으로 돌아가면서 마지막으로 해변의 바위 웅덩이 하나를 들여다본다. 웅덩이 옆에는 그 안에서 떨어져 나온 것 같은 커다란 분홍빛 따개비 무더기가 있다. 나는 따개비를 집어 웅덩이 속에 집어넣는다. 하지만 따개비들이 목숨을 건질 가능성은 거의 없어 보인다. 보트 혹은 바위에서 떨어져 나오면서 상당수의 밑부분이 깨지거나 갈라졌기 때문이다. 그중 두 개는 뚜껑 문이 있어야 할 부분에 텅 빈 구멍만 남은 것으로 보아 어쩌면 군집 전체가 죽은 것인지도 모르겠다. 하지만 나는 만에 하나를 기대하며 가만히 지켜본다. 그때 손상되지 않은 뚜껑 문 하나가 시커메지는 것 같더니 살짝 벌어지고, 곧 촉수가 빠져나와서 먹이를 찾는다. 35년도 더 지난 내 인생 최초의 만남이 눈앞에서 되살아난다. 작은 생명체의 식사를

지켜보며, 내 마음은 영혼을 치유해주는 자연의 힘에 대한 감사로
충만해진다.

　　　다음 날 나는 말로스 해변으로 차를 몬다. 모래밭에 점점이
흩어져 있던 경이로운 거석들이 기억난다. 그중 하나의 균열에
작고 까만 물고기가 숨어 있던 것도. 바위 웅덩이를 벗어나서도
멀쩡하던 그 녀석은 해초로 살짝 몸을 건드리자 꿈틀거렸다. 그
해양생물을 보면서 느꼈던 경이로움이 떠오른다. 어떻게 물에서
나와서도 살아 있었던 걸까? 이후 대학 현장 탐사에서 그 물고기가
베도라치*shanny* 혹은 바다개구리라는 걸 알게 되었다. 이 용감한
물고기는 피부가 축축한 상태로 유지되면 산소함량이 낮은 바위
웅덩이를 벗어나 작은 바위 틈새에 낀 채로 썰물 동안 몇 시간을
보낼 수 있다. 그러다가 다시 밀물이 들어오면 무사히 웅덩이로
돌아와 먹이를 찾는 것이다. 아직도 말로스 해변에 베도라치들이
사는지 궁금하다. 1990년대에 이곳에서는 밀퍼드헤이븐에 정박한
유조선으로부터 심각한 기름유출이 한 번 이상 발생했다. 어쩌면
이곳의 서식지도 내가 어렸을 때와는 달리 생태학적 다양성을
잃어버렸을지도 모른다.

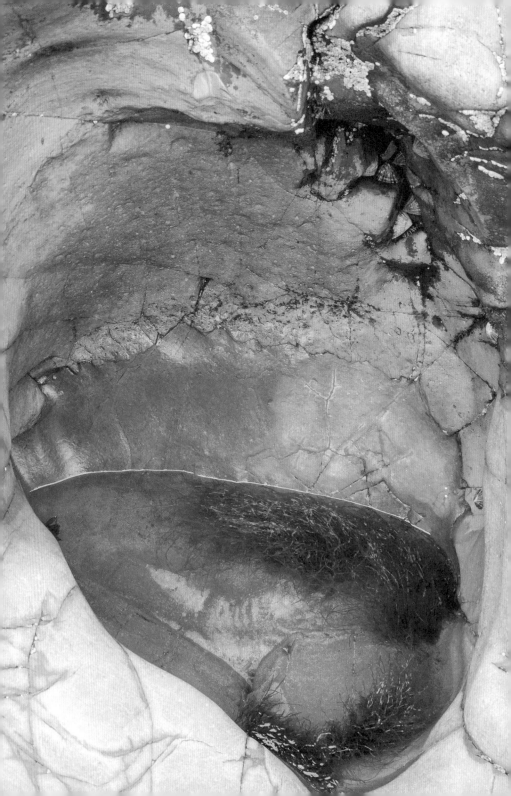

　　주차장에서 말로스 해변까지는 들판을 지나는 구불구불하고
가파른 오솔길을 1.5킬로미터쯤 걸어가야 한다. 나는 걸어가면서
펨브로크셔의 풍광이 펜스의 우리 동네처럼 메마르고 건조하지
않다는 걸 알아차린다. 지난 두 달간의 폭염은 존재하지 않았던
것처럼 초목이 푸르고 생생하다. 근처의 프레셀리*Preseli* 언덕이
잉글랜드 동부보다 이곳에 더 많은 비를 내리게 만드는지도
모른다. 케임브리지셔의 바싹 마른 잔디 대신 풍부하고 다채로운
초록빛을 접하니 오감이 편안해진다. 해안 가까이에서 길모퉁이를
돌자 30년 넘게 보지 못했던 기억 속의 풍경이 눈앞에 펼쳐진다.
추억과 감동이 한꺼번에 밀려온다. 건조된 해안 풀밭의 향긋한
냄새, 벼랑에 핀 아르메리아꽃의 은은한 분홍빛, 작은 물고기들의
움직임, 파도에 깎여 속이 빈 바위 구멍에 고인 바닷물,
말라붙어가는 해초의 톡 쏘는 내음, 손바닥에 에메랄드처럼
소중하게 쥐여 있던 조그만 초록빛 오각불가사리. 말로스 해변과
할아버지의 정원에서 자연과 처음 만나 느낀 강렬한 기쁨을 거듭
경험하고 싶은 욕구가 나를 계속 살게 해주었다. 이곳은 나에겐
지극히 의미 있는 장소다.
　　말로스 해변의 바위들은 마치 지질학적 환각처럼 보인다.
땅이 솟아오르면서 지층이 90도로 이동하여 격심한 파도 모양의
기복을 이루었다. 층층이 쌓여서 바다에 침식된 거대한 바위

←　　펨브로크셔 말로스 해변의 바위 웅덩이.

무더기가 원시시대 파충류의 몸체처럼 모래밭에 솟아나 있다.
바위마다 쇠사슬 갑옷처럼 따개비가 다닥다닥 붙어 있고, 바위
안쪽과 주변에 형성된 웅덩이 또한 온갖 생명체로 넘쳐난다. 모든
바위는 진홍색에 겨자색과 회색 줄무늬가 있고 수천 년 동안
파도와 거친 모래에 닦여 매끄럽다. 그중에는 높이가 몇 미터나
되는 것도 있다. 바위 사이사이에는 일부 뒤집힌 지층이 좀 더
빠르게 침식되면서 생겨난 균열이 있다. 이런 균열에 형성된
길고 좁다란 웅덩이는 막대사탕처럼 가느다란 줄무늬가 있는
총알고둥*winkle*과 빨강해변말미잘, 섬세한 무늬의 따개비 껍데기,
복잡하게 뒤얽힌 먹이사슬을 이루는 해초, 플랑크톤, 갑각류와
물고기로 가득하다. 모래톱에서 가파르게 솟아오른 바위 아래에는
소용돌이가 생성되면서 만들어진 깊은 바위 웅덩이가 있는데,
이런 웅덩이는 깊이가 몇 센티에 불과한 얕은
웅덩이에 비해 썰물 때의 산소함량이
훨씬 더 높다.

바위 사이의 깊은 균열을
빙 돌아가면서 관찰하다가
무심코 웅덩이에 발을 헛디뎌서
넘어질 뻔했다. 가파른 바위
모서리에서 모래가 주르륵

총알고둥

흘러내린다. 몸을 바로잡고 웅덩이 안을 들여다본다.
바위에서 곧바로 이어진 웅덩이는 상당히 깊어
수면이 푸른빛을 띨 정도다. 서식하는 생물들도
다양하고 인상적이다. 재빠르게 오락가락하는
10~20센티미터 크기의 물고기들이 보인다. 최소
세 종류 이상의 해초가 있고 물이 얕은 곳에는
작은 새우 무리가, 울퉁불퉁한 웅덩이
가장자리에는 무수한 고둥과 조개가
다닥다닥 붙어 있다.

　　　갑자기 5펜스 동전만 한
넙치*plaice*가 수면 바로 아래를
가로질러 헤엄쳐 간다. 바위
웅덩이에 사는 새우들처럼
이 넙치도 모래색 바탕에
은은하고 옅은 점박이 무늬가

블래더랙

있다. 넙치는 곡선 형태의 근육질 몸으로 날렵하게 물살을 헤치며
나아간다. 바위 웅덩이에서 넙치를 보기는 처음이라 나는 흥분감에
숨을 몰아쉰다. 웅덩이 가장자리로 미끄러져 가던 넙치가 모래
바닥에 내려앉는다. 몸을 살짝 떨자 온통 모래 구름이 일어나 등을
뒤덮고, 다음 순간 넙치의 모습은 사라진다.

베도라치

나는 베도라치를 찾고 싶어서 수많은 바위 틈새를
들여다보았지만 말미잘과 삿갓조개 외에는 아무것도 발견하지
못했다. 거의 포기하고 차로 돌아가기 위해 모래밭으로 내려가다가
해변에서 가장 큰 바위 중 하나를 지나친다. 그곳에는 좀 더 연한
재질의 지층이 끊임없는 조수에 닳아서 형성된 아주 좁고 깊은
협곡이 있다. 협곡을 들여다보자 개구리를 닮은 작고 까만 얼굴이
음침하게 이쪽을 마주 본다. 베도라치다. 어린 시절에 그랬듯이
해초 조각을 집어서 물고기 쪽으로 살짝 내밀어본다. 놀랍게도
베도라치가 요란한 덥석 소리를 내며 사납게 해초 끄트머리를
물어뜯는다. 나는 이 작은 생명체의 대담함에 놀라 움찔한다.

먹이를 찾는 따개비와 바위 구멍에 숨은 작은 물고기를
다시 만나면서 펨브로크셔에서 보낸 어린 시절을 되짚어보았고,

1970년대 말에 그랬듯 이 해안 서식지에 야생동식물이 풍요롭다는 것을 확인했다. 웨일스 서부 해안으로의 여행은 마음에 치유력을 발휘하고, 지난가을 이후 처음으로 나는 행복한 기분을 느낀다.

붉은장구채   검은수레국화   사양채   개쑬리풀이

9월
~~~~~~~~~~

September

블랙베리가 무르익고
제비가 떠날 채비를 하다

폭염이 끝났다. 8월 말이 되자 폭풍우가 몰아쳐 무더위를 쫓아냈고, 전원은 서서히 초록빛으로 돌아가는 중이다. 소나기가 내리면서 내가 지난 4, 5월에 심은 꽃들이 다시 피어나기 시작했다. 나는 정원에 새로 만든 계단에 앉아 있다. 금잔화의 주황색과 노란색, 코스모스의 분홍색, 보리지와 수레국화의 파란색, 회향의 연노랑 꽃차례. 주위는 온갖 화사한 빛깔로 가득하다. 6월부터 8월까지의 혹독한 더위가 은근한 온기로 바뀌고 계절이 가을을 향해 가면서 햇살은 부드러운 황금빛을 띠기 시작한다. 심신을 회복하며 이 책을 작업해온 지난 몇 달 동안 나는 거의 매일 정원에서 시간을 보냈다.

이곳은 인공적인 장소다. 길고 좁고 가파른 땅에 벽돌과 나무와 잔디와 흙을 쌓아서 조성했다. 하지만 이곳에도 야생은 존재한다. 보일러가 설치된 작은 창고 옆에는 둑방쥐*bank vole*

가족이 그물처럼 촘촘히 굴을
파놓았다. 어른 쥐들은
매일 밖에 나가서 자신과
새끼들의 먹이를 구해
오고, 나는 그들이 내 화단
위로 나오지 않기만을 빈다.

둑방쥐

1, 2주 전 거실 창밖을 내다보는데 둑방쥐 한 마리가 우리 밭의
토마토 줄기를 나무처럼 타고 기어 올라 익은 열매를 훔쳐 가는
게 보였다. 막내딸이 왜 자꾸 가장 잘 익은 토마토가 사라지는지
궁금해하더라니.

　　뒷문 앞의 축축한 땅에는 어린 두꺼비 한 마리가 꾸준히
출몰하고, 몇 달 전 새로 지은 벽에 붙인 구멍 뚫린 통나무에는
가위벌mason bee 여러 마리가 집을 지었다. 정원에서는 날마다 작은
새들의 이야기가 펼쳐진다. 상시 거주자인 검은지빠귀 수컷은
모든 까마귀와 찌르레기를 상대로 분노를 터뜨리고, 붙임성 있는
오색방울새와 오목눈이 무리가 모이통을 방문한다. 바위종다리가
종종대며 초목 아래를 오가고, 옆집과 경계를 이루는 담쟁이덩굴
사이에는 굴뚝새가 숨어 먹이를 찾는다. 수십 제곱미터에 불과한
정원에서 벌, 나비, 꽃등에, 무당벌레와 그 밖의 곤충들이 무수히
살아가고 또 드나든다.

나는 밭에 뿌리내리는 모든 잡초에게 일단 기회를 준
다음 나중에 추려낸다. 사람들은 우리 정원 곳곳이 엉망이라고
생각하겠지만, 이런 방식으로 나는 여러 식물을 공짜로 얻을 수
있었다. 씨앗들은 바람을 타고 오거나 새와 포유동물의 소화기관을
통해서, 혹은 중고 염가판매나 무인점포에서 구한 화분에 숨겨져
이곳으로 들어온다. 나는 몇 주, 가끔은 몇 달씩이나 잡초 뽑는
일을 그만두었다가 쐐기풀 약간, 엉겅퀴 대부분, 그리고 최대한
많은 메꽃과 산뱀도랏을 제거한다. 자연도 내 방식을 즐기는
듯하다. 식물들의 돌림노래가 이어지게 방치함으로써 나는
무의식중에 다양한 식물에게 서식지를 제공하고 있는 셈이다.

정원 거주자들의 행동과 상호작용을 관찰하는 일은 지난
몇 달간 내게 큰 위로를 주었다. 식물 감상과 야생 관찰이 우울증
완화에 도움이 된다던 엑서터대학교의 연구가 나 자신을 통해
증명된 셈이다. 야생의 풍경 속에서 시간을 보내는 것이 정신
건강에 이롭다는 것은 확실하지만, 우울증이 심각할 때면 부엌
창문을 통해 소소하게 자연을 관찰하는 것만으로도 어느 정도
효과를 볼 수 있다.

차 한 잔을 들고 정원에 앉아 있는데 제비 지저귀는 소리가
들린다. 제비들이 머리 위 높은 곳에서 줄지어 날아가며 하늘에
수를 놓고 있다. 능금나무에서는 오색방울새가 속삭이듯 재잘대는

굴뚝새

포근하고 익숙한 소리가 들리고, 산울타리에서는 염주비둘기가
나른하게 목을 울린다. 그때 새되고 날카롭게 물결치는 울음소리가
정원의 공기를 꿰뚫는다. 굴뚝새 울음과 비슷하지만 훨씬 작고
불안정한 음색이다. 나는 숨죽이며 귀를 기울인다. 온갖 새들의
불협화음 속에서 굴뚝새 특유의 떨리는 울음소리가 뚜렷하게
들려오다가 꼬리를 끌며 사라진다. 나는 얼떨떨함을 느낀다.
　　짝짓기 철에 굴뚝새의 노랫소리는 귀에 거슬리고 뻔뻔하며

몸 크기를 고려하면 놀라울 만큼 요란하다. 대부분의 새는 7월이
되어 새끼들이 둥지를 떠나면 노래를 그친다. 한 해의 상반기에는
자기 영역을 지키고 짝을 찾느라 우는 데 온 힘을 쏟지만 늦여름이
되면 그런 일은 중요하지 않은 것이다. 이제 새들은 털갈이를 하고
잎사귀와 산울타리에 몸을 숨기는 데 몰두한다. 늦여름이면 정원과
시골 일대는 매우 고요해진다. 대부분의 새가 노래를 그치고,
일부는 다음 해 2월이나 3월의 짝짓기 철이 될 때까지 노래하지
않기 때문이다. 지금 들려오는 것은 간주곡, 혹자에 따르면 일종의
연습곡이다. 어쩌면 올해 태어난 새끼가 대담하게 시험 삼아 불러
보는 노래일 수도 있다. 노랫소리는 그 불완전함과 대비되는 주위
전원의 거의 완벽한 고요함, 그리고 어쩌면 지금이 저 새가 최초로
소리를 내어보는 순간일지도 모른다는 생각 때문에 더 매혹적으로
느껴진다.

동네 숲에서 꿀벌난초를 발견했을 때 나는 이들 종에
관해 거의 아는 게 없었다. 하지만 오두막집 근처에서 자라는
작고 이국적인 꽃들을 보자 영국에 서식하는 야생화 중에서도
특히 매력적인 이들 난초를 좀 더 자세히 알고 싶어졌다. 나는

뉴마켓 경마장 트랙 가장자리에 뱀같이 얼룩덜룩한 무늬가 있고
염소처럼 역한 냄새를 풍기는 도마뱀난초가 크게 자라 있다는
것을 알게 되었다. 브래드필드 숲의 습지에 서식하며 4월에
개화하는 이른자주난초도 보러 갔다. 손바닥난초가 늪지난초와
교잡하여 식물학자들을 혼란스럽게 만들었다는 이야기도 읽었고,
오래된 삼림지대에 숨어 있는 우아한 초록빛 무엽란의 사진을
들여다보기도 했다. 나는 줄곧 영국의 난초 개화기간은 한 해의
중간쯤에 한정된다고 생각했다. 여름에 헤브리디스*Hebrides* 제도에서
개화하는 마지막 난초가 시들면 다음 해 봄에 이른자주난초가 필
때까지 영국의 식물 달력에서 난초는 사라진다고 말이다. 난초
중에도 8월 말에나 개화하기 시작하는 여름 후발대가 있다는 걸
올해 들어서야 알게 된 것이다.

　　타래난초*lady's-tress*는 지난 6월 로즈엔드 초원에서 본
여러 난초와 마찬가지로 비료를 뿌리지 않은 석회질 초원에서
서식한다. 난초 종이 잘 자라려면 자연 상태의 토양에만 존재하는
다양한 미생물과 균류가 필요하기 때문이다. 내가 타래난초의
존재를 알게 된 것은 올해 발견한 다른 여러 식물이나 서식지와
마찬가지로 트위터를 통해서였다. 타래난초를 발견한 즉시 나는
오두막집과 가까운 개화 장소를 찾아보았고, 친구인 이사벨라와
함께 베드퍼드셔*Bedfordshire* 근처에 있는 소규모 자연보호구역인

노킹호*Knocking Hoe*를 방문하기로 했다.

　　보호구역 주변에는 안내 표지판이 없다. 그곳을 찾아가는
건 온갖 애매모호한 길 안내를 종합하는 능력 시험과도 같다.
오로지 구글 지도와 '빵 덩어리 같은 언덕'에 관한 현지인들의
설명에서 정보의 파편을 끌어모아 길을 찾아야 한다. 우리는
'사설도로'라고 표시된 길을 따라가기 시작한다. 1.5킬로미터쯤
걸어가니 농장이 보이고 누군가 나와 우리가 무단침입 중이라는
사실을 알린다. 이쯤 되니 오히려 유쾌한 기분이 든다. 난초
추적에 나섰다가 꾸지람을 듣다니 19세기에나 겪을 법한 사건이
아닌가. 나는 농부에게 사과하고 절대로 그의 땅에 해를 끼치려는
것이 아니었으며 보호구역으로 들어가는 다른 길을 찾아보겠다고
약속한다.

　　우리가 농장을 돌아서 헛간 뒤쪽에서 걸어 나오자 눈앞에
빵 덩어리 모양의 언덕이 보인다. 역시나 표지판 따위는 없지만
분명 이곳일 거라는 예감이 든다. 우리는 발길을 재촉해 언덕
아래에 있는 출입문을 향한다. 들판으로 나오니 소 떼들이
보인다. 이사벨라는 소를 그리 좋아하지 않고, 더구나 들판을
내달리거나 회전문 뒤에 서성이고 있는 녀석들이라면 말할 것도
없다. 우리는 오른쪽으로 빙 둘러 가는 길을 찾아낸 다음 언덕
능선과 만나는 산마루를 따라간다. 오솔길 가장자리를 따라 아직도

데빌스비트*devil's bit scabious*, 초롱꽃 무더기, 등골짚신나물, 작고 흰
좁쌀풀*eyebright* 같은 화사한 빛깔의 늦여름 야생화들이 점점이 흩어져
있다. 우리가 산마루를 기어오르는 동안 사방에 근사한 광경이
펼쳐진다. 하늘은 군데군데 진줏빛 도는 오팔 색을 띠지만 대체로
강철 같은 잿빛이다. 비라도 올까 봐 염려스럽다.

　　꼭대기에 이르자 여기가 노킹호임을 알리는 표지판이
있다. 출입문을 통과해 언덕을 가로지르는 통행로를 따라간다.
길 왼편은 급경사를 이룬다. 나는 태평스럽게도 타래난초가
보호구역에 들어오는 즉시 보일 거라고 생각했다. 걸어가는 동안
이 보기 힘든 꽃을 찾느라 몇 번이나 길을 벗어나지만 눈에 띄는
거라고는 들장미와 드문드문 있는 이끼충영, 실잔대, 백리향
무더기뿐이다. 다들 사랑스러운 꽃이지만, 난초를 찾아내지 못하자
슬슬 실망감이 느껴진다. 하늘이 컴컴해지면서 머리 위로 빗방울이
떨어지기 시작한다. 난초 추적이 헛수고로 돌아가는 건 아닌지
걱정스러워진다. 우리는 우중충한 날씨에 외투 한 벌만 걸친 채
언덕 꼭대기에 고립되어 있고 주차장까지 돌아가려면 3킬로미터를
걸어야 한다. 그때 전기 철조망이 나온다. 손으로 엉성하게 만들어
놓은 회전문을 열고 들어가니 가파르게 경사진 들판 위에 작고
붉은 깃발 수십 개가 꽂혀 있다. 어쩌면 난초의 위치를 표시한
것인지도 모른다는 생각에 좀 더 들어가서 확인해보기로 한다.

타래난초를 트위터 타임라인에서 처음 보았을 때는 실제 크기를 알 수가 없어서 그 꽃이 꿀벌난초만큼 커다랗고 눈에 띌 줄 알았다. 나는 가장 가까운 붉은 깃발을 향해 조심스레 다가간다. 들판이 워낙 급하게 경사져 있어서 튼튼한 부츠를 신고 있음에도 발을 단단히 디디며 내려가야 한다. 깃발 옆의 땅바닥 가까이에서 은은한 점박이 무늬가 보인다. 좀 더 자세히 보려고 몸을 구부리자 한 줄로 섬세하게 피어난 조그맣고 하얀 난초 꽃송이들이 눈에 들어온다. 직경이 5밀리미터가 될까 말까 한 꽃송이가 올리브 나뭇잎을 떠오르게 하는 연한 청회색 줄기를 나선형으로 감싸며 달려 있다. 잎사귀는 아주 가는 솜털로 뒤덮여 있어서 마치 서리를 맞은 것처럼 보인다.

이 타래난초 종은 8센티미터 넘게 자라지 않는다. 이렇게 작은 난초가 있는 줄은 전혀 몰랐다. 이 식물은 영국에서도 희귀한 편인데, 서식의 필수 조건인 석회질 삼림지대가 드물어졌기 때문이다. 땅바닥에 납작하게 몸을 수그리고 몇 미터 떨어진 다른 한 포기의 사진을 찍다 보니 꽃에서 풍겨 나오는 코코넛 향기가 코를 스친다. 앞서서 경사로를 올라가는 이사벨라에게 말을 걸려고 고개를 돌리자 또 하나의 나선형 꽃차례가 눈에 들어온다. 앞서 본 것보다 더 작은 데다 깃발 표시도 되어 있지 않다. 내가 이 언덕에서 누구도 못 본 난초를 처음 발견한 것이다.

　　나는 한 해를 시작했을 때와 똑같은 방식으로 마무리
짓는다. 애니와 함께 오두막집 뒤의 숲으로 산책을 나가는 것이다.
화살나무 잎사귀는 가장자리가 분홍빛으로 물들기 시작했고,
가시자두 열매는 만개한 꽃에 뒤덮여 더욱 새파랗게 보이며, 체꽃
이삭이 따스한 초가을 햇볕 아래 말라가고 있다. 이곳은 나의
일부다. 숲은 자연과 나의 필수적인 연결고리이며, 3월 이후로 나의
회복에 결정적인 열쇠가 되어주었다.

　　세상이 혼란스럽고 망가진 곳처럼 보이고 암담한 생각이
걷잡을 수 없이 커질 때, 나는 집에서 나와 나무들이 있는 곳까지
5분 동안 걸었다. 이 땅뙈기에서 자라나는 토끼풀, 잔개자리,
들장미, 검은수레국화, 사양채, 가시자두 등의 친숙한 식물을
바라보노라면 잎사귀들이 그리는 무늬와 미묘하고 다양한 색의
꽃들, 그리고 다채로운 녹음이 세상 그 무엇보다도 효과적으로
내 마음을 가라앉혀준다. 오솔길을 거니는 것은 숲이 만들어내는
풍경에 내 발걸음의 궤적을 더하는 나만의 정신적 만트라*와 같다.
편안하고 익숙한 리듬을 따라 숲속에서 두 발로 하는 요가라고나
할까. 산책은 차를 끓이는 일상의 사소한 의식이나 털실 뭉치로
장갑을 뜨는 일처럼 마음에 위안을 주지만 그 느낌은 매번 다르다.

✣　　불교나 힌두교에서 기도와 명상을 하며 외우는 주문.
←　　노킹호 자연보호구역의 타래난초.

오늘은 유럽처녀나비 한 쌍이 솜방망이 덤불 위에서 팔랑대며
철 늦은 짝짓기 춤을 추고, 울타리가 둘러진 작은 숲에서는
짖는사슴이 모습을 드러낸다. 지난 2월에 스노드롭이 커다란
꽃송이를 피웠던 바로 그 자리다.

몇 헥타르에 걸쳐 서식하는 지역 토착종 나무들은 가을의
징조를 보이기 시작했지만 철늦은 뱀도랏꽃, 섬세한 분홍빛과
자줏빛의 민망초, 노란 민들레꽃에는 아직도 여름의 기운이 남아
있다. 두 계절의 경계에 선 숲은 아름답다. 애니와 나는 집으로
발길을 돌린다. 나는 한층 추운 나날이 다가온다는 걸 알고 있으며
언제나처럼 겨울이 시작되는 게 두렵다. 하지만 자연 속에서
보낸 시간은 올해 나의 부서진 정신을 치유해주었다. 3월의 가장
암담했던 날, 내 생각을 되돌리고 나를 자살의 목전에서 붙잡은
것은 도로 중앙분리대에 있던 은은한 초록빛을 띤 묘목이었다.
지난 열두 달은 힘겹다 못해 비현실적이고 끔찍한
시간이었다. 대부분의 시간 동안 내 마음은 갈기갈기 찢어진
상태였지만, 정말로 쓰러질 것 같을 때마다 어느 새의
모습이나 숲에서의 짧은 산책이 최악의 우울증 증세를
피해 갈 수 있게 해 주었다. 이 사실은 나에게 엄청난
위안을 준다. 야생의 장소는 내게 꼭 필요한
약이자 안전망과도 같다.

자연을 치료 약 삼은 한 해의 경험은 나에게 인간이
온전하려면 자연 풍경 속에 있어야 한다는 확신을 주었다. 태초부터
인간과 땅 사이에는 강력한 유대가 있었다. 우리는 야생의 장소에서
살아가도록 진화했다. 현대를 살아가는 사람들의 정신 건강에
문제가 생기는 것은 자연과의 단절 때문일지도 모른다.

전 세계에서 정신질환 발생이 증가하고 있다. 그 이유가
아직 불명확하기 때문에 온갖 이론들이 난무한다. '우리가 점점
더 지역사회로부터 고립되어가기 때문이다', '디지털 시대에
따른 새로운 사회적 압박과 요구 때문이다', '현대적 식생활로 뇌
내의 화학적 균형이 변화했기 때문이다', '이전 세대보다 한층 더
스트레스가 늘어났기 때문이다' 등등. 하지만 나를 비롯해 이 분야를
연구해온 사람들에게 명백한 사실은 다른 요소들이 미치는 영향과
별개로 자연과의 단절이 문제의 중요한 요소라는 것이다.

작가 리처드 루브 _Richard Louv_ 는 사람들, 특히 아이들이
야외에서 보내는 시간이 줄어들면서 건강 문제를 겪게
되었다고 주장한다. 루브는 이를 자연 결핍 장애라고
부른다. 채집 수렵 생활을 하던 우리의 조상들은 하루 중
상당 시간을 물가나 숲속에서 보냈다. 최초의 농부들이
정착하여 땅을 경작하면서 인간의 삶은 물줄기와
숲, 주변에 서식하는 동식물 등 여러 환경요소와

더욱 긴밀하게 연결되었다. 인간은 그렇게 진화해왔다. 새로운
환경과 생활방식에 옮겨져 자연 속에서 보내는 시간을 빼앗긴 것이
인간에게 아무런 악영향도 끼치지 않기를 기대하는 것은 말도 안
되는 이야기다.

　　우리가 집이나 사무실, 도시환경을 떠나 숲과 초목과 야생이
존재하는 장소로 옮겨 갈 때면 내면에서 서로 밀접하게 연결된
생리학적·신경학적 변화가 발생한다. 이와 연관된 과학은 아직
발전단계지만, 자연 풍광의 이로운 효과로 정신질환을 완화할 수
있다는 것은 이미 많은 연구를 통해 확인되었다. 내가 겪은 놀라운
효력이 모든 사람에게 똑같이 나타날 수 없다는 것은 잘 안다.
하지만 우울증 진단의 대책으로 자연 산책이라는 관념이 더욱 널리
퍼지기를 소망한다. 자연 속을 걷는 일이 특이하거나 괴짜 같은
행동으로 여겨지지 않기를, 인간은 야외에서 시간을 보내야 한다는
근본적 필요성이 일반적인 정신의학과 표준 심리치료법을 보충하는
효과적인 접근방식으로 간주되기를 바란다.

숲속에서 익어가는 블랙베리를 발견하고 발길을 멈추어
몇 알을 따먹는다. 9월의 햇살이 등을 따뜻하게 데워준다. 애니는

블랙베리

눈부시게
투명한 붉은빛
열매가 주렁주렁 달린
양백당나무*guelder-rose tree*
덤불 아래 코를 박고 있다. 갑자기
애니가 주둥이를 높이 치켜들며 경계 태세를
취하자, 기척을 눈치챈 다람쥐가 허둥지둥 나무줄기
위로 달아난다. 둘은 서로를 빤히 쳐다본다. 다람쥐는 나무
위에서, 애니는 땅 위에서. 몇 초 동안 두 포유동물의 교착상태가
지속되다가, 마침내 다람쥐가 오솔길 건너편의 벚나무로 폴짝
뛰어가서 모습을 감춘다. 뱀눈나비가 블랙베리 잎사귀에 내려앉아
햇볕을 쬐고, 별박이왕잠자리는 팔랑팔랑 오솔길을 날아간다.
　　애니와 나는 집으로 이어지는 오솔길의 마지막 굽이를
돌아간다. 오른쪽에서 새 지저귀는 소리가 들린다. 산울타리 너머에
나란히 뻗은 전화선 위로 제비들이 오선지에 그려진 음표처럼 앉아
있다. 다가올 긴 여행길을 준비하고 있는 모양이다. 몇 주만 지나면
그들도 내년을 기약하며 떠나게 되리라.

감사의 말

내가 이 책을 만드는 동안 엄청난 인내력과 원조를 베풀어준 앤디,
이비와 로즈에게.

　　그 과정 내내 날 응원하고 격려해준 샬럿 뉴랜드, 레이철
메이슬런, 헬렌 아이어스, 세라 펠프스, 이사벨라 스트레픈, 제인
핑크, 조시 조지, 멜리사 해리슨에게. 여러분의 친절은 내게 이루
말할 수 없이 소중했습니다.

　　나의 글과 아이디어를 줄곧 믿어준 에이전트 줄리엣
피커링과 읽을 만한 책을 만들기 위해 꾸준히 날 이끌어준 담당
편집자 피오나 슬레이터에게 무한한 감사를 표합니다. 또한 클레어
케이터의 경이롭고 마법 같은 디자인 실력과 인내력이 없었다면
《야생의 위로》도《겨울나기》도 지금처럼 아름다운 책이 되진
못했겠지요.

　　트위터와 인스타그램에서 만난 친구들이 보내준 지지와

격려의 말이 없었더라면 이 책은 아마도 존재하지 못했을 겁니다.
고맙습니다.

　　마지막으로 나의 건방진 털북숭이 친구, 언제나 기꺼이 나와
함께 걸어주는 애니에게 고마움을 전합니다.

평범한 장소에서 발견한
강렬한 위안

이 책은 반평생에 걸친 우울증 회고록인 동시에 일 년 열두 달의
자연 관찰 일기다. 저자는 반려견 애니와 함께 하는 동네 숲
산책에서 우울증 극복의 여정을 시작하여 계절과 심리 상태의
흐름을 따라 다양한 자연 공간을 찾아간다. 자연을 산책하는
것뿐만 아니라 자연물을 그리고 사진 찍고 채집하여 정리하는
과정도 치유의 일부가 된다. "세상이 혼란스럽고 망가진 곳처럼
보이고 암담한 생각이 걷잡을 수 없이 커질 때, 나는 집에서 나와
나무들이 있는 곳까지 5분 동안 걸었다."

　　자연의 치유력은 숲과 해변, 희귀한 새나 나비의 서식지,
수십만 년 전의 화석들이 있는 해안 벼랑이 아닌 고속도로
갓길에서도 충분히 느낄 수 있다. 때로는 지극히 평범한 장소에서의
사소한 발견에 가장 강렬한 위안이 있다. 저자가 계절성정서장애를
간신히 견뎌낸 뒤 닥쳐온 위기의 순간에 찾아낸 묘목처럼 말이다.

"차를 몰아가는데 문득 도로 중앙분리대에 자라나는 조그만 묘목들이 눈에 들어온다. 눈앞을 스치는 푸른 잎사귀와 엔진의 규칙적인 진동이 내면의 참담한 소음을 가라앉힌다. (…) '넌 멀쩡한 상태가 아니야. 도움을 요청해.'"

    겨울이 끝나고 날이 길어지면서 저자는 야외에서 점점 더 많은 시간을 보낸다. 애니와 오랫동안 산책을 하고 친구와 야간 반딧불이 탐사에 나선다. 줄곧 도피해온 우울증도 직면할 수 있게 된다. "숲속 아득히 보이지 않는 어딘가에서 울려 퍼지는 나이팅게일의 노랫소리가 이런 사실들에 선명하게 초점을 맞춰준다. (…) 그간 억눌러왔던 생각들이 마음속에서 폭발한다. (…) 딱 하루만 아침에 일어나 내가 하는 일을 순수하게 즐길 수 있다면, 내가 할 수 있는 일에 대한 기대를 줄이지 않을 수 있다면. 나는 (…) 작고 희귀한 새의 아름다운 노랫소리를 들으며 소리 내어 운다. (…) 내가 느끼는 증오와 분노가 마구잡이로 터져 나오도록 내버려 둔다." 우리는 저자와 함께 다양한 시공간을 걷고 역동하는 감정을 공유한다. 격분하여 눈물을 흘리다가도 어느새 난초꽃 벌판에 나란히 누워 행복에 젖는다.

    이 책에서 특히 인상적인 부분은 자연 묘사와 심리 묘사 사이의 매끄러운 연결이다. 저자는 감각을 마비시키는 무기력에서 자살 충동까지 이르는 우울증의 다양한 스펙트럼을 찬찬히

회상하고, 그런 순간마다 자연이 선사했던 위로를 생생하게
그려낸다. 또한 자연의 아름다움을 뜬구름 잡듯 찬미하는 것이
아니라 최근의 생화학과 신경과학 연구를 인용하며 우울증에
자연이 구체적으로 어떤 효과를 끼치는지 설명한다. 기존의
항우울제와 상담 치료를 터부시하거나 자연이 만병통치약인 것처럼
과장하지 않는 신중한 태도도 돋보인다. 유려한 문장은 섬세한
일러스트와 절묘한 조화를 이루어 한층 친근하게 다가온다.

　　　온난화 탓에 겨울답지 않았던 겨울이 끝나가나 싶더니
이제는 전염병이 봄기운을 무색하게 한다. 문득 저자가 즐겨
읽는 식물도감을 묘사한 구절을 떠올리게 된다. "《영국 식물 컬러
소사전》의 도판을 들여다보는 것만으로도 전원에 나가 있을 때의
안도감을 어느 정도 느끼게 된다. 우울증이 마음을 얼어붙게 하는
정신적 겨울날, 이 책을 펼치면 거실을 나서지 않고도 봄날을
살짝 엿볼 수 있다. 이 책은 종이와 잉크로 만들어진 항우울제인
셈이다." 어쩌면 이 봄, 우리에게는 《야생의 위로》가 바로 그런
책이 되어줄 수 있지 않을까.

이 책에 나오는 생물들의 이름

짖는사슴*Muntiacus reevesi*

칠성무당벌레|*Coccinella septempunctata*

FEBRUARY · 2월

도깨비산토끼꽃*Dipsacus fullonum*

스노드롭*Galanthus spp.*

앵초*Primula vulgaris*

자엽꽃자두*Prunus cerasifera*

호랑버들*Salix caprea*

MARCH · 3월

찌르레기|*Sturnus vulgaris*

APRIL · 4월

검은지빠귀|*Turdus merula*

나도산마늘*Allium ursinum*

바위종다리|*Prunella modularis*

박새|*Parus major*

숲바람꽃*Anemone nemorosa*

어치|*Garrulus glandarius*

오색방울새|*Carduelis carduelis*

옥슬립*Primula elatior*

제비|*Hirundo rustica*

참새|*Passer domesticus*

MAY · 5월

나이팅게일*Luscinia megarhynchos*

노란구륜앵초*Primula veris*

땅감자*Conopodium majus*

블루벨*Hyacinthoides non-scripta*

사양채*Anthriscus sylvestris*

산갈퀴덩굴*Galium mollugo*

솔나물*Galium verum*

오레가노*Origanum vulgare*

옥스아이데이지|*Leucanthemum vulgare*

허브베니트*Geum urbanum*

황갈색애꽃벌*Andrena fulva*

JUNE · 6월

갈색초원나비|*Maniola jurtina*

꿀벌난초*Ophrys apifera*

노란딸랑이|*Rhinanthus minor*

돼지풀*Heracleum sphondylium*

물망초*Myosotis spp.*

방울새풀*Briza spp.*

백리향*Thymus serpyllum*

뱀눈나비|*Pararge aegeria*

보리지|*Borago officinalis*

붉은장구채|*Silene dioica*

손바닥난초 *Dactylorhiza fuchsit*

쐐기풀나비 *Aglais urticae*

애기풀 *Polygala vulgaris*

연푸른부전나비 *Polyommatus icarus*

요정아마 *Linum catharticum*

유럽처녀나비 *Coenonympha pamphilus*

푸른지치 *Pentaglottis sempervirens*

JULY · 7월

가락지나비 *Aphantopus hyperantus*

꼬마팔랑나비 *Thymelicus sylvestris*

등골짚신나물 *Agrimonia eupatoria*

문지기나비 *Pyronia tithonus*

별박이왕잠자리 *Aeshna cyanea*

북방반딧불이 *Lampyris noctiluca*

센토리 *Centaurium erythraea*

솔체꽃 *Knautia arvensis*

쏙독새 *Caprimulgus europaeus*

야생당근 *Daucus carota*

작은멋쟁이나비 *Vanessa cardui*

접박이나방 *Zygaena filipendulae*

조흰뱀눈나비 *Melanargia galathea*

진홍나방 *Tyria jacobaeae*

홍부리황새 *Ciconia ciconia*

AUGUST · 8월

꽃게 *Carcinus maenus*

넙치 *Pleuronectes platessa*

따개비 *Semibalanus balanoides*

딱지조개 *Lepidochitona cinerea*

베도라치 *Lipophrys pholis*

빨강해변말미잘 *Actinia equina*

유럽자주새우 *Crangon crangon*

좁은잎해란초 *Linaria vulgaris*

총알고둥 *Littorina littorea*

SEPTEMBER · 9월

가위벌 *Osmia spp.*

굴뚝새 *Troglodytes troglodytes*

데빌스비트 *Succisa pratensis*

두꺼비 *Bufo bufo*

둑방쥐 *Myodes glareolus*

블랙베리 *Rubus spp.*

양백당나무 *Viburnum opulus*

좁쌀풀 *Euphrasia spp.*

타래난초 *Spiranthes spiralis*

참고문헌

Shepherd, Nan, *The Living Mountain* (Aberdeen, 1977).

산림욕

Hansen, M. M., Jones, R. and Tocchini, K., 'Shinrin-Yoku(Forest Bathing) and Nature Therapy: A State-of-the-Art review', *International Journal of Environmental Research and Public Health*, August 2017, 14(8): 851.

면역계에 피톤치드가 미치는 효과

Li Q., Kobayashi M., Wakayama Y., Inagaki, H., Katsumata M., Hirata Y., Shimizu T., Kawada T., Park B. J., Ohira T., Kagawa T. and Miyazaki Y., 'Effect of phytoncide from trees on human natural killer cell function', *International Journal of Immunopathology and Pharmacology*, October-December 2009, 22(4): 951-9.

인간이 자연경관과의 상호작용에서 얻는 유익한 효과

Beyer, K. M., Kaltenback, A., Szabo, A., Bogar, S., Nieto, F. J. and Malecki, K. M., 'Exposure to neighborhood green space and mental health: evidence from the survey of the health of Wisconsin', *International Journal of Environmental Research into Public Health*, March 2014, 11⑶: 3453-72.

Cox, D. T. C., Shanahan, D. F, Hudson, H. L., Plummer, K. E., Siriwardena, G. M., Fuller, R. A., Anderson, K., Hancock, S. and Gaston, K. J., 'Doses of Neighborhood Nature: The Benefits for Mental Health of Living with Nature', *BioScience*, vol 67, issue 2, February 2017, pp. 147-155.

Johnston, lan, 'Human brain hard-wired for rural tranquility', *Independent*, 10 December 2013.

Keniger, L. E., Gaston, K. J., Irvine, K. N. and Fuller, R. A., 'What are the Benefits of Interacting with Nature?', *International Journal of Environmental Research into Public Health*, March 2013, 10⑶: 913-935.

Velarde, M. D., Fry, G. and Tveit, M., 'Health effects of viewing landscapes: Landscape types in environmental psychology', *Urban Forestry and Urban Greening*, vol 6, issue 4, November 2007, pp. 199-212.

기분과 기분장애에 있어서 세로토닌계의 역할

Albert, P. R. and Benkelfat, C., 'The neurobiology of depression - revisiting the serotonin hypothesis. II. Genetic, epigenetic and clinical studies', *Philosophical Transactions of the Royal Society B: Biological Sciences*, April 2013, 368⑴⑹⑴⑸: 20120535.

Blier, P. and El Mansari, M., 'Serotonin and beyond: therapeutics for major depression', *Philosophical Transactions of the Royal Society B: Biological Sciences*, February 2013, 368⑴⑹⑴⑸: 20120536.

Sansone, R. A. and Sansone, L. A., 'Sunshine, Serotonin and Skin: A Partial Explanation for Seasonal Patterns in Psychopathology?', *Innovations in Clinical Neuroscience*, July-August 2013, 10⑺⁻⑻: 20-24.

Young, S.N., The effect of raising and lowering tryptophan levels on human mood and social behaviour, *Philosophical Transactions of the Royal Society B: Biological Sciences*, February 2013, 368(1615): 20110375.

장 박테리아와 세로토닌의 관계

Jenkins, T. A., Nguyen, J. C. D., Polglaze, K. E. and Bertrand, P. P., 'Influence of Tryptophan and Serotonin on Mood and Cognition with a Possible Role of the Gut-Brain Axis', *Nutrients*, January 2016, 8(1): 56.

자살 충동을 겪는 뇌 내의 생화학적 변화

Wenner, Melinda, 'The Origins of Suicidal Brains', *Scientific American*, 1 February 2009.

'채집 황홀' 및 주변 자원의 탐사와 활용에 따른 도파민 분비

Barack, D. L. and Platt, M. L., 'Engaging and Exploring: Cortical Circuits for Adaptive Foraging Decisions', *Impulsivity*, vol 64, 2017, pp. 163-199.

Francis, Robyn, 'Why Gardening Makes You Happy and Cures Depression', Permaculture College Australia, permaculture.com.au.

McClure, S. M., Gilzenrat, M. S. and Cohen, J. D., 'An exploration-exploitation model based norepinepherine and dopamine activity', *Advances in Neural Information Processing Systems*, 2005.

손과 눈의 반복적 움직임이 세로토닌 분비에 미치는 영향

Jacobs, B. L., 'Serotonin, Motor Activity and Depression-Related Disorders', *American Scientist*, vol 82, no 5, September-October 1994, pp. 456-463.

옮긴이 신소희

서울대학교 국어국문학과를 졸업하고 출판 편집자 및 번역가로 일해왔다.
《내가 왜 계속 살아야 합니까》, 《위험한 독서의 해》, 《세계 예술 지도》, 《피너츠 완전판》,
《완벽한 커피 한 잔》, 《맨 앤 스타일》, 《첫사랑은 블루》 등을 번역했다.

야생의 위로

첫판 1쇄 펴낸날 2020년 3월 20일
　　11쇄 펴낸날 2025년 2월 7일

지은이 에마 미첼
옮긴이 신소희
발행인 조한나
편집기획 김교석 유승연 문해림 김유진 전하연 박혜인 함초원 조정현
디자인 한승연 성윤정
마케팅 문창운 백윤진 박희원
회계 양여진 김주연

펴낸곳 (주)도서출판 푸른숲
출판등록 2003년 12월 17일 제2003-000032호
주소 서울특별시 마포구 토정로 35-1 2층, 우편번호 04083
전화 02)6392-7871, 2(마케팅부), 02)6392-7873(편집부)
팩스 02)6392-7875
홈페이지 www.prunsoop.co.kr
페이스북 www.facebook.com/prunsoop　　**인스타그램** @prunsoop

ⓒ 푸른숲, 2020
ISBN 979-11-5675-817-4 (03180)